# 他人的力量

## 如何尋求受益一生的人際關係

亨利・克勞德（Dr.Henry Cloud）｜著

譚天｜譯

# THE POWER OF THE OTHER

THE STARTLING EFFECT OTHER PEOPLE HAVE ON YOU, FROM THE BOARDROOM TO THE BEDROOM AND BEYOND—AND WHAT TO DO ABOUT IT

經營管理 157

# 他人的力量：如何尋求受益一生的人際關係

作　　者　亨利・克勞德（Dr. Henry Cloud）
譯　　者　譚　天
視覺構成　陳文德
責任編輯　文及元
行銷業務　劉順眾、顏宏紋、李君宜
總 編 輯　林博華
發 行 人　凃玉雲
出　　版　經濟新潮社
104台北市中山區民生東路二段141號5樓
電話：(02) 2500-7696　傳真：(02) 2500-1955
經濟新潮社部落格：http://ecocite.pixnet.net
發　　行　英屬蓋曼群島商家庭傳媒股份有限公司城邦分公司
104台北市中山區民生東路二段141號11樓
客服服務專線：02-25007718；25007719
24小時傳真專線：02-25001990；25001991
服務時間：週一至週五上午09:30~12:00；下午13:30~17:00
劃撥帳號：19863813　戶名：書虫股份有限公司
讀者服務信箱：service@readingclub.com.tw
香港發行所　城邦（香港）出版集團有限公司
香港灣仔駱克道193號東超商業中心1樓
電話：(852) 25086231　傳真：(852) 25789337
E-mail: hkcite@biznetvigator.com
馬新發行所　城邦（馬新）出版集團 Cite (M) Sdn Bhd
41, Jalan Radin Anum, Bandar Baru Sri Petaling,
57000 Kuala Lumpur, Malaysia.
電話：(603) 90578822　傳真：(603) 90576622
E-mail: cite@cite.com.my
印　　刷　漾格科技股份有限公司
初版一刷　2019年10月3日

城邦讀書花園
www.cite.com.tw

ISBN：978-986-97836-4-4

定價：360元
Printed in Taiwan

推薦序一

# 斷了的線，如何成為一張接住自己的網

文——江孟芝 夢界實驗有限公司創意總監／作家／演說家／研究所講師，著有《不認輸的骨氣》

對我來說，《他人的力量》是告訴我如何與他人聯繫的力量，重新在工作、婚姻、家庭、朋友之中得到良好的關係，進而得到更好的自我。

心理學大師阿德勒說：「所有的問題，都是人際關係的問題。」在阿德勒的論述中，我們重新定位自己的位置，並且賦予自己自由、解放與被討厭的勇氣。然而，在亨利．克勞德這本書當中，不僅講述人際關係的斷捨離，還以更實際、更積極的方法，一步一步引導我們該如何改變人際關係，這種改變，是我長期以來，一直想要找的具體應用。

我是一個非常內向，而且有社交恐懼的人。當然，表面上我社會化得很好，在公共場合與人應對進退都不是什麼問題。但是在工作之餘，我非常渴望自己一個人獨處的時光，安靜地在某個不知名的角落看書，那是我感到最舒適的時候。

長期以來，享受孤獨一直是我擁抱的價值。適度脫離群體，學會和自己相處，讓我感到自在，卻也讓我處於斷了線的空間裏，也就是本書作者亨利．克勞德（Dr. Henry Cloud）所描述的「一號角落：與外界斷了聯繫」。

我知道要改變自己成為一個外向的人，是不可能的，也不大實際，所以我選擇擁抱真正的自己，我也以為我只能夠接納自己真實的樣子。

從小到大什麼都要靠自己的生活，已經是我根深柢固的習慣。想學畫畫自己找老師、學校科系自己決定、出國費用自己想辦法、申請學校也不靠任何代辦，反正我堅持什麼都自己來，從不會要求別人幫忙自己，我認為這本來就是自己的責任，不是嗎？

不過，這樣的選擇是有副作用的，長期以來精神壓力大、心力交瘁、容易焦慮、緊張、沮喪，還伴隨著失眠問題等等。成功一定會付出代價，我一直深信著唯有經歷過這些「副作用」，才能達成目的。可以說，依照書中定義，我根本就是一號角落的標準患者。

不過，作者克勞德告訴我們，其實不用把自己逼到如此。

有時候，我也會走到克勞德所描述的「二號角落：壞的聯繫」裏去，不管再怎麼小心，都會遇到形形色色的人，當然也會跟不投緣、不喜歡的人共事，而陷入二號角落的惡性循環。「三號角落：表面上很好的聯繫」我就比較少去了，我一直以來都知道三號角落的存在，所以積極也刻意地繞過它，不沉迷於任何會讓我感覺到短暫快樂的事物。

令我驚訝的是，有「四號角落：真正的聯繫」的存在。我長期在一、二、三號角落撞牆，好像找不到出口，像一條斷了的線，總有一天自己會摔傷，而四號角落讓我成為一張接住自己的網，不僅是自我成長，更是柔軟地向他人展現成熟的一種身段。

真正的聯繫，是表達自我的需求，而不是一味給予。「需求」是什麼呢？試想著如果今天你迷了路，手機又沒電沒網路，該怎麼走到目的地呢？像我這麼「鐵齒」的一號角落人格，只會讓自己不斷的迷路、不斷地摸索，在錯誤的方向裏一遍又一遍的嘗試，直到找到正確的位置為止。

不過，如果我今天可以敞開心房，向路人開口問路，相信我不用花一整天的時間迷路，馬上就可以找到正確的方向，這就是「需求」，請求別人幫忙的時刻，並且接受他人的回饋。而我，從來都不敢讓別人知道我有需求，因為我很怕麻煩別人、打擾別人。還是自己來就好吧？這樣就可以避免跟別人產生連結，也不會有欠人一份人情的感覺。這樣的擔憂，讓我一直以來選擇自己承受一切，默默地在森林裏繞啊繞的，花比他人多的時間與力量才抵達終點。

《他人的力量》就是在告訴你如何正視自己的需求，打開心房走到四號角落，我們可以不用自己承擔一切，應該勇於讓別人走進自己的生命裏，一起並肩作戰，一起走到終點。這讓我想起了一句諺語：「If you want to go fast, go alone. If you want to go far, go together.（一個人，走得比較快，但是一起走，走得比較遠。）」人生最重要的不在於你走得多快，而是你到底能夠走得多遠。

這本書不是要你刻意接近某人，去利用別人的金錢、地位或人脈的意思，這是一本告訴你打開自己的內心，讓別人走進你的生命，會讓你得到前所未有的力量，比孤單一個人的時候更堅強，並且走得更長遠。

一條線容易斷，但是一張網卻充滿彈性，讓你不論在哪裏落下都能穩穩地被接住，重新得到從谷底爬起來的力量。

我看了這本書之後，發現了不用改變自己，卻能夠讓自己與他人的連結更加緊密與正面。敞開心胸，接受他人回饋，廣納海川，人生海平面才會漸漸上升。

從現在開始，開始編織屬於自己的一張網吧！一個令你感到安心、自在、不再害怕墜落的安全網，從四號角落重新找到新的自己，你會發現自己有無限的潛能，只要你懂得讓大家陪你一起，這就是他人的力量。

一個人固然走得快，但一群人才能走得遠。別擔心，這本書陪你一起走出人生新高度！

推薦序二

# 若到江南趕上春，千萬和春住

文──劉奕成　將來銀行籌備處執行長

辦公室裏人聲鼎沸，夥伴們手忙腳亂準備著即將召開的會議。突然間有人丟了一袋郵包在我桌上，信手打開，是這本《他人的力量》的中英文書稿。

我一翻閱就愛不釋手，整個人像是鑽進了一個巨大的泡泡，聽不見外面的聲音，只知道拚命翻看，英文翻完翻中文，中文看完又看英文。

不知道過了多久，掩上書稿，四周的喧嘩重新湧入耳蝸。我回過神來，心中清澈明白自己很喜歡這本書，打算好好為這本書寫篇序跋。

但是接下來的幾天，我只能留下隻字片語，在筆記本上寫了寥寥數字，手機記事本中記下區區數十字。看起來我太在意了，除了拼湊出斷簡殘篇，我無計可施。這就是書中描述的「撞牆」（hit the wall），我不知所措，只能守株待兔，枯等文思泉湧的魔幻時刻。

就像書中描述的海豹部隊，因為他人的力量，在快要放棄的撞牆時刻，因著夥伴的眼神和鼓舞，終於衝上冰冷的水面，游到終點，度過「地獄週」最終的考驗。說來荒誕，但是我的魔幻時刻也橫空出現，讓我汲取他人的力量，完成序言。

彼時我們如常行走在路邊，時而往前走，時而停下來對話，她戴著口罩掩去泰半面容。但是從她的眼神，從我們的對話，不知不覺我尋得了穩定的力量。然後我恍然大悟，從生命中某一刻起，她就是我全心信任的人。她的存在，便讓我淡定從容，心如止水。這就是「他人的力量」。

看完這本書沒有多久，我居然馬上就心領神會他人的力量扮演的重要角色，此時腦海中突然浮現「若到江南趕上春，千萬和春住」（按：如果來得及在春天趕到江南，千萬要和春天同住，享受美好的時光）。「春」，就是帶領你我躍升的他人的力量，本書作者使出渾身解數，不只帶我們「趕上春」，而且一定要「和春住」。

近來偶而和昔時同學聚首，有時候驚覺於同學巨大的改變，不少年少時看似徬徨無助的同學，如今看來神采飛揚。是什麼力量改變了他們？

有時候，看到不世出的運動選手，屢屢超越巔峰，不由得讚嘆冥冥之中彷彿有股力量，讓他們能夠達成尋常人無法企及的成就，甚且能走過失敗死蔭幽谷，凜然浩劫重生。我也每每發覺，跟某些人在同一個團隊中，特別能將創意與實力發揮的淋漓盡致。這一切，都彷彿有種神祕的力量，實在說不清楚。

作者提供了解答，破題揭櫫了人的表現有其極限，但是極限可以改變，當我們以為某人已經達到極限時，他又超越了原本的極限而改變極限，多半來自於汲取他人的力量，也就是我們以為的神祕的力量。

在組織行為中，不僅肯定個人的力量，也揄揚團隊的價值，想當然耳，團隊的價值就是許多力量的總合，包含了個人力量，以及豐饒的他人力量。但是我們往往忽略了個人展現出來的碩果中，也富蘊他人的力量。也就是說，即使是個人的成就，也一如陳之藩所說：「得之於人者太多，出之於己者太少」。

我們往往囿於學校考試的經驗，覺得成績多半是個人本身的努力，然而在進入社會之後，即使是個人的表現，他人的力量更扮演舉足輕重的角色，以看似偏重個人表現的高爾夫球運動為例，不管是傑克・尼可勞斯（Jack Nicklaus）締造最多的高爾夫球大賽冠軍的佳績，還是老虎伍茲（Tiger Woods）傳奇式的東山再起。都要感謝他人的力量，不管是教練、桿弟，現場加油的家人，這人那人，雖說輕重有別，都對球員的成就有莫大的影響。

這本書並沒有因此帶給讀者「以後哪裏表現不好，可以怪別人」的搪塞藉口，如果失敗，要知道為此負責的就是自己，無法賴給他人的力量不足。因為作者除了循循善誘，也斬釘截鐵地說清楚，每一個人，都要有「這是我的比賽」的豪情，才能善用聯繫，汲取他人的力量。

提綱挈領的第二章節，便朗朗開展聯繫的學問，首先闡明「最深奧的智慧核心」就是「人與人之間關係」。

以心理諮商為例，說明真正讓人改變、治癒的，是心理學者與客戶間的關係。這也是這本書最核心的精神，剖析聯繫可以是以下四者其中之一。

第一種是「斷了聯絡，沒有聯繫」，其次是「壞的聯繫」，再來為「表面上看似很好的聯繫」，第四種才是「真正的聯繫」。

在我們的生活中，或多或少都體驗過這四種聯繫，當然也毋需多言，我們要的是第四種聯繫。

作者將真正的聯繫定義為「四號角落」，並且不厭其煩地分享如何常常待在四號角落，善用他人的力量。飽覽群籍的人會發現，原來這不就是孔老夫子「友直、友諒、友多聞」的跨世紀老哏在新時代的意義。

這本書的確分享的獨特的法門，歸根結柢，成功的訣竅，其實在於「信任」。

本書檢驗了「表現出眾」的理由。是用排山倒海的例子，說明「他人」對我們一生的表現有極大的影響力。不過關鍵還在於，除非我們能敞開心胸，接受他人的正面影響力，我們無法更上一層樓。我們必須自己保持為一種「開放式系統」，敞開心胸，接受他人回饋。

有個重要的問題是：「哪一個人是『最好的他人』？」這正是建立「信任」的過程：學習分辨，在你我的周圍，誰是好人？誰是壞人？

我不住咀嚼「好人不會落在最後，怪胎不會率先達標」（Nice guys do not finish last, and jerks do not finish first.）的精神，這句話或許因為語言隔閡而略顯詰屈聱牙，但是弄清楚之後，我也一樣深信不疑：表現好的人，會率先達標；而表現好的人，如果又剛好是才華洋溢的好人，成就會更加不可限量。如果能夠結交這些出眾的人，汲取他們的力量，就能突破極限，超越巔峰。

擁有變好力量的他人，就彷彿是喚醒大地甦醒的春意。若到江南趕上春，千萬和春住。

推薦序三

# 其實我沒幫上什麼忙，你只是藉著我提昇了力量

文——洪仲清 臨床心理師

在人類新生兒的發展研究中，我們可以知道同物種的他者對於個體發展的重要性，這從小猴子的發展也可以看得出類似的狀況。如果小嬰兒在人力照護不足的機構中長大，可能會有容易哭泣、退縮、憂鬱，以及體重減輕、睡眠困擾等身心問題產生。當這些嬰兒長大，對於跟人建立穩定的情感連結也會經歷困難。

所以照顧者不僅僅是提供嬰孩成長所需的生理養分就夠了，還要藉由肢體與口語互動傳遞愛與關懷，給予嬰孩充分的心理滿足。當照顧者跟寶寶與幼兒進行適當的遊戲，並且在日常生活中產生愉悅的經驗，這能為大腦的神經元生長提供良好的基礎。

所以人際關係的品質，也就是「他人的力量」，對於人類的早期發展至關重要，可

以直接影響最基本的生理結構。而大腦未良好發育，則可能進一步損害往後的心智能力。

從嬰幼兒期，一直到兒童青少年，除了家人之外，老師與同儕對於一個人的適應，也扮演著關鍵的角色。尤其當家庭功能不彰時，孩子能跟家人以外的成人建立親密的信任關係，常能深切而悠遠地對一生有重大的助益。

不管是身教的概念，又或者是「近朱者赤，近墨者黑」的古訓，再再強調以身邊的人所構成的環境，如何形塑一個人的性格與作為。

在現代的智力理論中，也提到智力的展現，跟一個人能不能選擇有利於自己的環境，或甚至創造新環境，來增加自己適應的能力有關。就像是一個領導者並非在所有智力層面都能有卓越表現，而是他懂得尋找合適的夥伴，來彌補自己的短處，讓個人長處或集體優勢得以發揮。

就心理治療來說，良好的治療便是提供了一個讓當事人成長與改變的支持環境。甚至有人認為，當事人與治療者關係的品質，是治療產生效果的主因，而治療者的理論知識與治療技術只是其次。換言之，所謂的心理治療，可說成是將改變的動力，逐漸歸還當事人的過程。

不管我在執行個別或團體治療、工作坊，或是演講與出版，這些或深或淺的心理健康工作，常有不少人給予正面的回饋，認為自己的正面改變是由於得到了我的幫助。我常討論各種維繫心理健康的知識，也介紹不同資源，讓想要用心理學知識自助的朋友們，能夠在自己清楚的意識下，採取適合自己的策略，從「治療」走向「自療」，能肯定自我與信賴自己，為自己負責與做決定。

當事人或許剛開始依賴關係，讓理智能重新運轉。最後希望這些力量回到當事人身上，從治療關係中獨立出來，並且在生活中建立穩定的支持系統。

良好的社會支持，能帶來較佳的健康狀況，也能降低死亡率。高社會支持的人，也比低社會支持的人，更能應對壓力，並且有更健康的生活模式。

也就是說，一個充分為自己身心健康負責的人，能經營健康的人際網絡，願意求助也是一種能力。懂得求助的人，除了慣於克服可能被拒絕的挫折感，還能增加他人的自我價值感，更強化彼此的關係連結。

我們一般討論的「連結」，在這本書翻成「聯繫」。這本書的重點是，藉由人際間

「真正的聯繫」，我們才能汲取他人力量，並且相互支持。

「所謂真正的聯繫，就是可以讓你做完整、真正、不帶絲毫虛假的你，可以讓你投入全部心、靈、與熱情的一種關係。這種關係的兩造都完全呈現，彼此相知，而且也相互投入。任何一造都能坦然與對方分享自己真正的想法、感覺、信念、恐懼、與需求。」

這種被大部分人認為是「可遇而不可求」的理想關係，就作者的角度來看，確實可以經過個人的努力而得到。在複雜的現代社會要生存，想做的事情一多，像是經營一家公司，至少需要幾個他人來組成一個社群，幫助我們突破自我，超越自己的限制。

作者在書裏面也以經營家庭為例，不但談到了教養中常提到的自主與責任的界線，而且還引用了腦科學研究，討論關於正向與負向回饋的比例如何調配，對一個人最為合適。

「研究結果顯示，當每接獲一個負面訊息就能接獲五個正面回饋時，我們的腦反應最佳。根據實際研究，最佳比率事實上是六比一。表現最好的人，接獲的正面對負面回饋比是幾近六比一；表現最差的人，得到的正、負面回饋比是幾乎相反的一比三。表現最好的人，每聽到一個負面回饋會聽到六個正面回饋，表現最差的人，聽到的負面回饋比正面回饋多出三倍有餘。我們當然需要負面回饋（有了它們我們才知道怎麼做才能做得更好），但比率與口氣要對，讓我們的腦可以接受。」

對於我們文化裏的父母來說，暫時把正面與負面回饋的比例調成接近一比一，是一個可以努力的短期目標（現實中負面回饋的比例常遠遠多於正面回饋）。父母就是家庭的領導者，如何激勵孩子的內在動機，也是養成孩子自動自發的一個重要因素。

作者在這本書裏談到了不少關於「真正的聯繫」的特徵，還有實際案例，以及經營這種關係的具體做法。像是如何塑造企業文化，以及運用傾聽、信任與溝通，還有避免掉入受害者陷阱等。

基本上，套用我的說法，是當事人藉著這樣的關係，能啟動認識自己、接納自己、肯定自己的能量。然後這樣的能量，還能在關係與團體中相互激盪，形成正向的循環。

願我們能藉者像作者這麼有實務經驗與智慧的「他人」，讓我們在遭遇困頓時，翻開這本書，就能找到有如知交好友般的支持，幫助我們重新振作。然後因此充滿活力，也活得更自由。祝福您！

推薦序四

# 主動付出、勇敢求助，成功需要「他人的力量」

文——楊千
交通大學經營管理研究所榮譽退休教授，二〇〇八至二〇一〇年曾借調至鴻海集團擔任董事長室永營專案（人才培訓計畫）顧問

所謂管理，就是與人相處、建立關係，憑藉他人的力量成就事情。

在今天變動快速又複雜的社會中，沒有一位高階主管能夠憑著一己之力，一手搞定所有事情，因此，管理的工作都需要借重別人來協助完成。即便是一位獨居老人，在生活上必然也有一些事情需要他人的協助。

從歷史上來看，漢高祖劉邦提到「吾所以有天下者何？」時，就承認自己「帶兵打仗不如韓信，治國不如蕭何，出謀策畫不如張良。三者皆傑，吾能用之，此吾所以取天下者也。」劉邦能得天下就是一個很好的例子，說明「成功，需要他人的力量」。

《他人的力量》這本書，談的就是如何善用「人與人之間的關係」，成就自己也成

就他人。

作者將「關係」分成四類：斷了連線、壞的聯繫、表面上看似很好的聯繫，以及真正的聯繫，其中只有「真正的聯繫」是好的人際關係。我們必須盡可能勇於向他人求助：情緒上的，專業上的，或者是社群的聯繫。

作者鼓勵我們，無論身在何處，都盡可能都懷抱謙卑胸襟，主動付出、勇於求助。人與人之間的關係要好就必須相互信任，我們要靠他人的力量成就自己。

重要的是，我們要學習信任他人，也需要贏得他人的信任。所以，本書最後一章就是談學習正確的信任來信任正確的人，這讓我想到台灣半導體產業的發展歷程。

## 借重「他人的力量」，成就台灣半導體產業

一九七四年，台灣想發展半導體產業，時任經濟部長的孫運璿先生，延攬當時任職於美國無線電（Radio Corporation of America，RCA）的潘文淵先生回台籌備。潘先生回台之後，暫住台北圓山飯店寫企畫書。

當時任教於交通大學電子工程系的胡定華教授（按：前旺宏董事長，二〇一九年七月十一日凌晨於睡夢中辭世，享壽七十七歲），主動打電話給潘先生毛遂自薦，表明他願意負責統籌工研院與RCA半導體技術移轉，並且自願擔任工研院電子所第一任所長。日後胡老師常常分享這個自身經驗，鼓勵學生「主動付出所學、勇於爭取機會」。

胡定華老師與潘文淵先生建立關係，從無到有開創台灣半導體產業，這就是善用「他人的力量」的成功範例。

## 真正好的關係，取決於彼此信任的程度

一九八二年，孫運璿部長透過潘文淵，邀請當時在德州儀器（Texas Instruments，TI）的張忠謀先生回台幫忙。張先生告稱，當時他在德州儀器的待遇分為三部分，本薪、紅利加上股票選擇權，可是政府最多只能付他本薪。

當時張先生沒有立刻答應，但是互動過程中，孫部長的誠意感動了張先生而得到信任。一九八五年，張先生終於結束美國德州儀器的工作，回到台灣工研院擔任院長。

張忠謀先生跟工研院（尤其是電子所）同仁的關係，也是「從無到有」，說明了人在職場工作，想成功，就需要建立人與人之間的關係。

## 掌握「施與受」的平衡，幫助別人也能成就自己

記得我在交大唸書時，胡定華老師剛回台任教，我們是他教的第一屆學生。多年之後，有一次胡老師與我分享，他在一九七九年擔任工研院電子所所長任內，協助籌設聯華電子。

當時胡老師勾選所內適合的同仁調任聯電。隔天，在調任名單中的曹興誠（按：一九七四年進入工研院服務）向胡老師抗議：「老師不要我了。」胡老師跟他說：「你在經營管理的表現，會比留在工研院做研究來得好。」

一九八〇年聯電成立，由曹興誠先生出任副總經理，後來的發展，大家都知道了。

此外，胡老師在一九八六年負責籌設台積電，當時，他也勾選適合的工研院同仁調任台積電。

胡定華老師對於推動台灣半導體產業鏈的關鍵人物，以及最具規模的聯電與台積電的創始員工，從潘文淵、曹興誠到張忠謀先生，都有相當認識並且建立關係。可以說，台灣半導體產業的成功關鍵，在於借重「他人的力量」，主動付出也勇敢求助。

以上的簡短故事，說明人與人的關係，除了家人不能由自己選擇之外，大部分的關係都是建立於後天不同時空的際遇，誰能順勢掌握「他人的力量」，不僅能夠幫助別人，也能成就自己。至於應該如何建立關係，借重他人的力量，做一個懂得平衡「施與受」（give and take）的人，答案就在本書。

# 目次

推薦序一　斷了的線，如何成為一張接住自己的網　江孟芝　3
推薦序二　若到江南趕上春，千萬和春住　劉奕成　9
推薦序三　其實我沒幫上什麼忙，你只是藉著我提昇了力量　洪仲清　15
推薦序四　主動付出、勇敢求助，成功需要「他人的力量」　楊千　21

1　遭人疏忽的真相　33
力氣用盡了？再用一些力　35
神祕與必然　40
另類對話　42

2
聯繫的學問 47
關係的幾何結構 50
改變神話解密 58
強大的發現 61

3
聯繫的四個角落 67
不能成長茁壯 70
「你在哪裏」的可能性 72
一號角落：斷了連線 73
困在一號角落 76
二號角落：壞的聯繫 83
二號角落像什麼樣 88
三號角落：以假亂真的「好聯繫」 89

三號角落像什麼樣 92
三個角落的圓環路口 96

4
前往四號角落 99

真正的聯繫 101
虛偽的面具 103
失去了心 105
不一樣的計畫 115
找到你的需求 117

5
優秀表現靠什麼 125

重新加油 132
資訊與學習帶來活力 135

活力類型要正確 137
不一樣的揮桿 141
早期預警跡象 144

6 自由與控制 149

自我控制 151
取得掌控 156
油料與自由間的平衡 162

7 自由有應盡的責任 167

掣肘：負起你的責任 173
責任追究與期許 177
對抗與回饋 179

腦與回饋 185
有用與可行 189
後果與痛苦 191
練習與回饋 194
自由、責任與愛 196

8 拔去猛獸的毒牙 201

惡性循環 203
皮克斯的故事 206
方法與手段 214

9 正確的督促之道 221

敞開胸懷 223

考慮來源 225
伸展 226
十倍挑戰 230
一步一步來：樓梯計畫 233
總而言之 245

10

找外人參與 249
內化 251
那不是你的問題 255
改變頻道 259
結構 264

11 百慕達三角的關係 275
致人於死的三角關係 276
解決辦法 283

12 信任 291
了解 294
意旨與動機 300
能力 303
性格 305
過去的紀錄 307

結論 好人不會落在最後 311

# ・1・

# 遭人疏忽的真相

人的表現（你的表現）有其極限。但果真如此嗎？

就很大程度來說，這問題正是這本書討論的焦點，我們討論的，其實不是有沒有極限，因為那是個幾乎無解的問題。無論怎麼說，誰又能知道人類真正的極限是什麼？每當我們心想某人一定已經達到極限時，總又有人超越我們認定的那個極限。我們討論的，是已知的極限總有人改寫，甚至我們自己也能加以改寫。

這本書的重點在於，為什麼有些人能超越極限，他們又是怎麼辦到的。在我以主管與績優組織為對象的工作中，這是我們每天都要面對的問題。它們總不外乎兩種形式。

第一種形式涉及的，是我那些客戶們遇上的一些**已知**限制：一種模式，一個障礙，一項領導困境或挑戰，與某人的一次衝突，一個弱點或問題，他們知道碰到難題，阻礙他們的前途、他們的事業、甚至威脅到他們的人生。儘管他們或許不知道那究竟是什麼，但他們知道有**什麼**限制了他們。

第二種形式完全不涉及任何已知問題或議題。他們只是想做得更好些，想更上一層樓，想**多做一點**、**多擁有一些**：更多潛能、更豐厚的利益、更強的馬力、更好玩、更有意義、更多的愛……更加快樂。客戶們知道他們本身、他們的事業，或他們的人生還可以更燦爛，還可以做得更好，他們要達到這些目標。

你或許已經知道所以不能進一步自我提升，問題出在哪裏；也或許你只想打一張讓自己發揮到極致的包票。無論屬於前者或後者，你要超越現狀，要突破現有的界線。**究竟應該怎麼做，才能讓我們更好，才能讓我們的人生更加豐富多彩**，就是這本書探討的主題。

告訴你一個好消息：這不是什麼神祕難解之謎，要做到其實不難。我們知道它是怎麼回事。你只要肯學，就做得到。

## 力氣用盡了？再用一些力

美國海軍（U.S. Navy）官兵能夠成為海軍三棲特戰隊（U.S. Navy Sea, Air, and Land，簡稱Navy SEAL，另譯「海豹」）隊員，靠的不是彩券中獎的運氣。他們得通過全世界最嚴厲的考驗，掙得這項殊榮。只有強中之強、頂尖中頂尖的官兵才夠格申請加入「海豹」。整個甄選過程毫無情面，全憑靠硬本事、真功夫。

想進入最後甄選階段，首先得完成許多步驟，許多資格認證，還必須通過許多關卡。在稱為「海豹基本水底爆破」（Basic Underwater Demolition SEAL，BUDS）的訓練過程尾聲，學員必須通過「地獄周」（hell week）測試，才能如願成為「海豹」。地獄周前後七天，除非身心素質極度強大，否則無法承受這場可怕的折磨，迫使那些已經是頂尖高手的學員必須將體能耐力和心理韌性發揮到極限。

除了浸泡冷水中忍受將近失溫的痛苦，學員還得在缺乏睡眠的情況下長途游泳，超過三分之二學員就在這「地獄周」體能極限的挑戰下，功虧一簣。但別忘了，這些學員可都是頂尖中的頂尖。他們大多數雖說都在最後終於「拉響鈴鐺」，表示放棄，但他們並沒有真正放棄，因為成為「海豹」仍是他們夢寐以求的目標。但就算能將身體與心理潛能發揮到極限仍然不夠。想進一步發揮，已經力不從心；想做得更好，已經有所不能。無論是皮肉折磨之苦，或是瀕臨崩潰之痛，大多數學員這時已經無法超越自己的極限、走向最艱難的下一步，終於無法成為「海豹」。整個甄選過程的用意，就在於找出這些極限究竟在哪裏，哪些人有這些極限，哪些人可以超越這些極限。只有能夠超越這些極限、通過「地獄周」最後考驗的人，才能成為「海豹」，投入隨時得超越極限、執行任務的戰鬥。生死存亡、任務成敗的關鍵，就在於這種超越極限的能力。

我的親戚馬克就是海軍海豹特戰隊員。他成功通過了海豹基本水底爆破訓練。我沒有兄弟（只有兩個姊妹），而馬克是那種每個孩子都想擁有的兄弟。我最愛聽他講那些語不驚人死不休的故事，說他和其他海豹隊員如何以近乎瘋狂的高度跳出一架飛機，在遙遠他鄉躍入冰冷的海洋，換上戰鬥裝，在風浪中小憩養神，然後在暗夜中登上敵船，設法把船弄沉。任務完成後，他們會問：「午餐吃什麼？」好像剛才做的那些只是不足掛齒的例行公事。而在我們一般人看來，他們的「例行公事」簡直匪夷所思，更別說還得完成任務了；真是了不起。

馬克在伊拉克戰爭中陣亡。他在同袍陪伴下，發揮戰技為國奮戰，解救遭恐怖分子綁架的人質，用他最愛的方式壯烈捐軀。對每個愛他、仰慕他的人來說，這都是難以承受的晴天霹靂，他的無畏與犧牲精神令我們無不感念。他身後留下妻子與一個襁褓中的女嬰、一個大家族，還有許多懷念他的好友。

在他去世後，我見了他的許多海豹特戰隊友、同事與同袍，他們大多曾經與他在阿富汗與伊拉克並肩作戰。他們與我談到馬克的勇氣、技巧、人格、精神，以及對生命的熱愛。他的事蹟對許多、許多人的人生造成影響。我們形成一個大聚落，一起緬懷他的英姿，為他的功動歌頌，為他的死難哀悼，共享他的記憶與故事。

我在這裏要談的是，若能勇於面對，人可以超越極限。以下這個故事，就是一個最明確的例子。馬克的一名海豹特戰隊隊友在馬克去世後，說了這個故事。

姑且稱他這名隊友是布萊斯。布萊斯當時在地獄周的最後一站游向終線。馬克已經通過這最後一關考驗，知道自己能成為海豹的一員。對馬克來說，大功已經告成，但這時的馬克就站在冒出水面的岩石上，渴盼著望著弟兄們奮力泳向目標。

布萊斯就在這一刻「撞牆」（hit the wall，突然筋疲力竭、幾乎斷了氣）。

根據布萊斯後來的描述，當時他的身體不肯繼續往前。就此打住，再也不能動彈。他勉強自己拚命向前，但身體不聽使喚。

或許你可能也有類似經驗。比如你上健身房，在不斷反覆舉重之後，你也會遇上這樣的狀況：你的雙臂不再聽從使喚，完全虛脫，無論你對自己多狠，兩條手臂再也使不上力。

就在這一刻，布萊斯發現自己開始沉入冰冷的水裏，全身氣力耗盡，就算只想往前再游一碼也辦不到了。他咬緊牙關、奮力往前衝，無奈力不從心。

想像這一刻的感受：這麼多年來，受了這麼多訓練，這麼多犧牲……而這一切都將化為夢幻泡影。他彷彿見到美夢隨著自己身體一起下沉，夢裏的一切即將過去。他受盡這一切折磨為的就是這一刻，而在這一刻等著他的，竟是如此令人心碎的結果？我敢說，在這一刻，由於身體再也使不出勁，他的心也開始熄火。但也就在這一刻……

布萊斯眼看自己逐漸下沉，就在準備釋出求救訊號、表示自己放棄時，瞥見眼前的陸地。馬克就站在那上面。布萊斯說，馬克看著他，使勁舉著拳為他打氣，一邊大喊大叫，告訴布萊斯「你辦得到」。約有兩、三秒的時間兩人目光交會，根據布萊斯的說法，他無法解釋的事情發生了。他的身體突然間彷彿手排車換了檔，把他送進一個他從未經歷過的超能空間；他很快衝上冰冷的水面，游到終線。他就這樣通過了地獄周考驗，取得海豹特戰隊隊員資格。

那是「他人的力量」（power of the other）。

## 神祕與必然

那是怎麼回事？為什麼僅憑戰友一個眼神與舉拳打氣，就能幫助布萊斯超越他的體能與心理極限？為什麼他的身體幾乎就像轉入自動駕駛一樣，又能游上水面？為什麼他的兩臂與雙腿，明明已經精疲力盡卻能重新振作？

從若干方面來說，我們也不知道這是怎麼回事。與戰友產生情感交集，這樣一種摸不著、看不見，而且神祕的是，怎可能轉換成一種具有實質、可以量化的物理效應，讓人體突破空間、超越體能極限？實在令人非常費解。

許多世紀以來，哲學家、心理學家、神學家與心智論者一直為所謂「心物問題」（mindbody problem）而糾結。所謂「心物問題」，指看不見的東西對看得見的東西有一種實際效應，反之亦然的事實。但是，無論我們如何解釋這種機制，人與人之間交往這種看不見的關係屬性，這種真實、具體，而且可以量化的聯繫，卻始終是遭人疏忽的真相。

這種機制早從我們出生那一天已經開始。你知道嗎，就算你每天哺餵嬰兒，但如果不能有意義地向他們表示關愛，不能與他們建立一種聯繫或關係，他們也可能長不好？他們會體重過輕，比其他嬰兒更容易生病，在一些極端的例子還會出現「生長遲緩」（failure to thrive，FTT）。所謂「生長遲緩」症候群指的是嬰兒長不大：他們的成長因一道**錯誤**的極限嘎然而止，不能完全長大成人。

欠缺關愛與聯繫還會造成更深的傷害，而且不僅是我們可以在外觀上見到的傷害而已。如果你像許多研究人員一樣，利用腦掃描觀察他們的腦，你會見到因神經元無法形成、因神經系統無法成長而出現的一個個黑洞；他們的腦部「電路」發育不完全。事實上，欠缺關愛與聯繫的孩子往往腦子也比正常孩子小。他們日後往往出現行為疾病，造成表現不佳，原因就在這裏。這些孩子得在沒有必要「電路」的情況下，滿足現實需求。而他們所以無法建立這些「電路」，**正因為他們少了關係，少了他人的關愛**。

但關愛的需求甚至在母胎已經存在。從母胎直到踏進墳墓，人生在世都離不開關愛。人與人的關係對我們整個一生的身、心功能都有影響。這是一種看不見、來自他人的力量，它為我們造就硬體與軟體，讓我們得以健康成長、做出好成績。舉例來說，研究結果一再顯示，無論做什麼事，若能與一個強大的人力支援系統搭上線，成功達標的機率大得多。同樣地，研究結果還顯示，發過心臟病或曾經中風的老人，若能加入一個支援團體，復發機率較低，健康狀況也好得多。還有一些研究告訴我們，能夠借助於他人力量的人，擁有比較強大的免疫系統，比較不容易得病，一旦得病也康復較快。甚至就算你吃得不健康，但生活在一個鄰里往來親密的社群，與只吃健康食品卻在情感上孤單無助相比，都能更加長壽（這個研究結果正中我的下懷）。

我們可以大惑不解，可以絞盡腦汁想知道其中原理。但這事確實發生已是不爭之實。人際關係影響人生，也影響人的表現，毋庸贅述。我們就用這本書的篇幅討論這事，討論它究竟如何運作。

## 另類對話

我是心理學者、領導顧問與教練。就定義來說，我的工作聚焦於「人的表現」，怎麼做才能讓人（個人、團隊與組織）做得更好。你若讀過「提升表現」（performance growth）這門課，或許會發現有關**我們**如何做得更好這類對話，討論的對象都是**你**。

改善你的技術，你的思考，你的策略與技巧。加強你的紀律。闡明你的目標，你的承諾，你的溝通。為了做得更好，你還必須加強、改善其他許多技巧、方法、策略與能力。簡言之，這門課的要旨就是「你可以辦到！只要加強、改善，你可以得到更多。」多學習，做這個，以不同的方式思考，用不同的途徑領導。只需要改善自己，你會成功。

你知道嗎？這一切都沒錯。有智慧與有本事能讓你做得更好。我們確實需要新的技巧、知識與能力。為了做得更好，為了超越自我，我們必須讓自己更上一層樓。

但這條成功之道少了一樣東西：**現實**。

去問許多人，問他們最大的成就、克服過的最大挑戰是什麼，你會發現一個共同點：**你以為不聰明、沒本事的人，其實也做得很好。**

你在什麼時段表現最好、在什麼時段表現最壞，不僅與市場或業務周期有關，甚至不僅與你本身的技巧有關，你在那個時段「與什麼人在一起」也有重大關係。不論是好是壞。問題不僅僅是你而已。你會成為什麼樣的人，將來是成是敗，你身邊的其他人扮演著重要的角色。

這本書要大幅扭轉過去有關領導、成長與表現優異的對話。我要用這本書強調一件事：你能不能成功，重點不僅是你（也就是你該怎麼自我提升），還要認清**你周遭的人對你的表現也有加分或減分效果**。他們手上握有力量。大多數領導建議與大多數商管書，強調的是你怎麼領導他人，怎麼表現，怎麼加強你的技巧與本事，但這本書討論的重點是他人（那些在你身邊影響你的人），以及你如何管理他人對你的影響。

你的人生與事業成功與否，不僅取決於你做了什麼與你怎麼做、你有多少技巧與本事，還取決於**你與什麼人共事**，或**你身邊的人怎麼對待你**，這是不能否認的現實。誰挺你？誰在打擊你？誰替你撐腰？誰不斷設法抗拒你、貶低你？你能成為今天的你，真正靠的其實是這些人。誰在幫你建立這些技巧與本事？誰在處心積慮地破壞它們？無論是好是壞，其他人確實有一些影響你人生的力量。但其他人對你的人生與你的成就究竟有**什麼樣**的力量？這些力量如何消長？這些是我們要檢驗的問題。

對於他人會不會影響你的人生，你無從選擇。因為選擇權握在他人手上。但是，你可以選擇讓他人用什麼力量影響你。

曾經多少次你眼見或經歷老闆對你的影響力，是拉你一把，還是落井下石？你的一名直屬部屬、一名同事、一名夥伴，或同在一個董事會的董事，可以幫助你，也可以毀掉你。曾經多少次，你眼見他人干預的力量？曾經多少次，你眼見一個人毀了整個團隊的氣氛或文化，毀了一圈朋友或一個家庭？還有多少次，你眼見整個情勢或你的人生，因為一位貴人的現身而起死回生？他人在你的每一步人生都扮演一個角色。就像你影響他們一樣，他們也影響你。

如何管理這種他人對你的影響力，是你勝負成敗的關鍵。哪些人你可以信任，哪些不可以，你從他人那裏得到什麼，以及你怎麼與他人打交道等等，可以決定一切。你不能控制他人，但你可以成為精通與人交往與擇友技巧的大師。

一旦能讓他人的力量站在你這一邊，想超越現有或日後可能出現的極限，其實並不難。

【金句】

◎你會成為什麼樣的人，將來是成是敗，你身邊的其他人扮演重要角色。

◎對於他人會不會影響你的人生，你無從選擇。因為選擇權握在他人手上。但你可以選擇讓他人用什麼力量影響你。

◎他人在你的每一步人生都扮演一個角色。就像你影響他們一樣，他們也影響你。

· 2 ·

# 聯繫的學問

那天在班上那一刻，對我造成的負面情緒衝擊，強得讓我永遠忘不了。

我在踏進大學之後，原本一心一意投入會計與財經，但在大三那年經歷幾次人生劇變之後，我開始轉換跑道投入心理方面的職涯。那是我的終身使命。我修了一切可以修的課，甚至在進入研究所以前已經加足馬力，想全部學完。特別是研究我們怎麼茁壯、運作、表現、以及癒合的科學尤其令我振奮。要學的東西太多。我渴望成為一個專家，以協助他人做為我一生的職志。我要當最好的「醫生」，要學最好的療法、教練、咨詢技術、以及其他一切可資運用的工具。我要在三年以後進研究所，除了大學心理學課程以外，我還接受認知治療、格式塔（Gestalt）心理療法、人際溝通分析、組織行為、行為干預、團體治療、原始療法、心理動力治療、住院治療、以及一些有關心智發展的學術。我恨不得把一切全包了，這是我的使命。當然，妳一定看得出，我是有些太超過了。

隨後，就在某天，我懊喪不已，險些想走回過去研究財經的老路。那一天在課堂上，教授為一項臨床心理治療的綜合分析做總結，告訴我們哪些治療法效果最佳。一組研究人員已經先就所有不同的治療成果進行因子分析（factor analyzed），以了解真正能讓一個人改變、成長與治癒的究竟是什麼。研究人員觀察了每一種治療的風格，對思想與感覺、動能等等的干預。教授解釋說，所有這些技術雖說都很重要，但真正為每一個模式帶來治癒力的，另有**一項**因子，真正能讓一個人改變的是**這項**因子。

我聚精會神地等著，想知道這助人的祕訣是什麼。多年來夢寐以求、最深奧的智慧核心，即將在我眼前展現。那位教授看了我們一眼說：「**這項因子就是關係**。真正讓人改變、治癒的，是心理學者與客戶間的**關係**。」

「**什麼**？」我在心裏嘀咕，「就那麼簡單？就只是這樣而已？我放棄財經與法學院，為的就是**這個**？當個『出租朋友』？」我只覺一陣背脊發麻、手腳冰冷。受了這麼多訓練，進了研究所，參加實習，學了這麼多東西，但結果真正重要的卻是**關係**？果真如此，我這麼辛苦究竟所為何來？這位老兄說，我那個兄弟會基本上是個治療中心。我們在兄弟會當然交朋友，但他難道不知道我們這群哥兒們也在那裏幹過許多瘋狂勾當？他是說，我們需要的只是一個朋友？

我當時認定這事一定有差錯。但它沒錯：科學數據顯示，真正重要的治癒因子（curative factor）是關係。

我已經不記得那位教授之後又說了些什麼。但在那讓我信心幾近崩潰的一天過後，雖說教授才剛告訴我，我在今後七年訓練中學到的一切，不比我那些朋友已經給了我的東西強多少，我還是繼續學了下去。教授那番話一定有錯。

但學到最後，我發現那項臨床心理治療綜合分析的研究結果百分之百正確。同時也百分之百**不正確**。

怎麼會這樣？

科學數據證實，想讓人做得更好，**百分之百得靠關係**。但……這種關係不只是與友人吃喝玩樂而已，它必須是**那種**正確的關係。這種關係必須能提供非常特定的功能與活力；必須帶來非常特定的建設式經驗，必須在關係人的腦子裏為非常特定的資訊編碼。正確的關係能增加我們的韌性，帶領我們走向成功。在這本書裏，我們要觀察什麼樣的關係才能幫我們更上一層樓。

## 關係的幾何結構

人腦與人生的交互作用能決定我們成功與否，科學家一直在研究、闡述這種交互作用。加州大學洛杉磯分校（UCLA）教授、神經生物學家丹尼爾・希格（Daniel Siegel）就是其中一人。人生在以下幾個層面上與我們的腦交互作用：

- **臨床**面：我們如何感覺、思考與行為；
- **關係**面：我們如何與他人交往；以及
- **表現**面：我們如何表現，有什麼成就。

希格研究的對象，是腦與心智結構與關係之間的交互作用。他對這種關係的治癒力的闡述，比我所知道的任何其他人都更清晰。他把所有這類研究分成三個重點，在所著人際神經生物學袖珍指南：心智的綜合手冊》（暫譯，*Pocket Guide to Interpersonal Neurobiology: An Integrative Handbook of the Mind*, Norton, 2012）一書中，將這三個重點稱為「幸福**三角**」（triangle of well-being）。

這種「幸福三角」可以決定我們在與我們日常生活息息相關的人生領域中表現如何——無論是海豹特戰隊員能不能游完那最後一程，無論是一段婚姻生活能不能更加甜蜜美滿，無論是公司執行長能不能領導一個團隊，無論是一個孩子能不能在心智上更成熟，無論是你能不能保持彈性、擊退對手。組成這種幸福三角的三個因子相輔相成，構築、推動、開創、規範我們的運作與表現。這三個因子是什麼？它們是我們的腦和身體（物理因子），我們的交往關係，還有我們的心智，心智負責規範我們生活與表現所需的活力與資訊。

希格說，幸福三角是一種「在我們的社交互動與我們的神經激發（neural firing）模式內部，規範活力與資訊流通的過程……它不是腦，**也不是**關係……它是一種活力與資訊在腦內、**在彼此之間流通必不可缺的系統**。」我們的腦在關係背景下運作，發展出一種具有規範作用的心智，我們的一切運作得靠活力與資訊帶動，而控制這些活力與資訊的流通的，就是心智。我們與他人的交往、聯繫，使我們的運作現實總離不開這三個因子：我們的身體結構，我們的關係，還有我們的心智。

希格繼續指出，「就像錢幣有正、有反、有邊一樣，活力與資訊流通的一個現實是，它們至少也有三個面：分享『**關係**』，在『**腦**』體現機制，還有在『**心智**』進行規範。」想**提升表現、追求改變**，我們需要所有這三個因子，需要幸福三角這三大部位。

一旦幸福三角的每一邊都加強時，我們才會更幸福。而且只因為有了關係，並透過關係，幸福才能增加。換句話說，我們若想更上一層樓，就需要關係幫我們以非常特定的方式，發展我們的腦與我們的心。當這些關係以某種方式運作時，我們變得更好。一旦關係不能這麼運作，我們也好不起來，或是原地踏步，或是開始倒退。

經過那天在課堂上的震撼，我努力追求事情真相，終於發現真正重要的是**關係的品質**。我親身見證許多事，才知道想要幫人提升表現、超越過去的極限，需要的**遠多於只**是呼朋引伴、結交共處而已。因為人生活在非常特定方式的關係之中，透過關係互動、活力流通與規範，傳遞非常特定的資訊與程式而有幸福；這一切都能幫我們在心智、在腦與身體中構築表現能量。我們能不能超越過去，靠的不只是**關係或資訊**；而是**關係與資訊**。此外，我們關係中的某些經驗也能讓我們的身心素質（裝備）成長、茁壯到一個更高層面，讓我們表現得比過去更好。想做得比過去更好得靠關係，**但這是一種特定關係**。這種特定關係是我們自我提升的必經途徑，也是這本書探討的主題。

幸福三角必須以特定方式構築，讓關係、腦、與心能夠一起工作，**提升我們的能力、超越現有極限**。這種關係的發展變化，必須有一定方式的先後，必須融入某種資訊、程式、或型式。就像電腦必須有特定程式運作它的作業系統一樣，埋在關係裏的「程式」在一段時間過後也會成為關係的一部分。我們的關係會幫著寫下「程式」，決定我們今後、即將成為什麼樣的人。無論是福是禍，關係威力強大。好與壞的「程式」，好與壞的「活力」。它們影響幸福三角的所有三個部分：實體、人際與心理。

我們且逐一觀察這三個部分，以了解為什麼它們對我們的運作都那麼重要。

首先我們要觀察**腦**與整體神經系統，也就是體現所有這些進程、驅動它們、也受它們影響的人體器官。出現在我們腦部的狀況，會深深影響我們怎麼表現、怎麼與人交往、怎麼完成目標、怎麼感覺與行為。我們的腦依靠神經遞質（neurotransmitter）與激素（hormone；賀爾蒙）這類電荷與化學物運作。腦神經細胞與它們之間的互動，組成希格稱為「神經激發」（neural firing）的一切實體裝備。試想一想電腦的電路系統，包括主機板、微晶片、配線、電池，如何影響它的表現；同樣，人腦的線路也在根本上影響我們的成績。

我們不妨簡單描述一下。當你的激素改變時，你的行為改變，你的感覺改變，你與其他人交往的方式也改變。如果你的血清素（serotonin）損耗過多，你的情緒會改變，你的聚精會神與專注的能力也會出現變化。你的活力減少了。胰島素發揮作用改變你的血糖濃度；於是你的思考、活力、行為、以及其他許多推動表現的功能也受到影響。運動員自己注射胰島素，原因就在這裏。做為實體裝備的腦，在我們一切功能運作中占有一個巨大部分，但還不是**全部**。

其次是**關係**，它是我們的人際交往，以及我們在這些交往、聯繫過程中的經驗。這裏所謂關係，指的不只是在兄弟會中和哥兒們一起鬼混玩樂。我們指的是**特定且有品質的人際交往**。神經學的研究結果告訴我們，這類型關係即使看起來似乎微不足道，卻能大幅提升表現，甚至還能營造、助長、維護腦裏面生成的實體線路。

你的感覺與表現會因為你身邊的人不同，會因為你與那人的關係變化而大不相同，原因就在這裏。不僅如此，事實上，**我們的心智必須沐浴在關係中才能成長茁壯**。這種關係影響所及，不僅是我們的身體與腦，還有我們心智的能力。得到寵愛、關懷、支持、與體貼入微照料的嬰兒，自然能長成各式各樣內在體能與心理裝備。

由於這種關係而長成的神經裝備，能使人與他人聯繫，與他人共鳴，在智慧與體能上成長、茁壯。健康的關係讓人腦建立許多功能，例如節制自我情緒、解決問題、應付緊張、保持彈性的能力等等。我們將在下文談到，商界領導者、運動員、與其他表現優異的人，都懂得如何透過關係以營造裝備，發揮這些機制。

這些關係的結構、活動、與品質至關重要。正面、融洽、體貼、關愛、支持，以及具有挑戰的關係，能造成腦的正面發展，加強表現能量。但若不是高品質的聯繫，很可能它們在**應該**發生些什麼的時候，卻什麼都沒發生，或是出現原本**不該**出現的壞東西，即所謂「病毒」。例如過度反應、不信任、古怪的想法、不能專注、過於衝動、頤指氣使、恐懼失敗，以及其他干擾我們表現的東西，出現在我們腦部。

第三，還有**心智**。那位教授說，治療**完全是**關係問題，我認為他這種說法不對，最大原因就在這裏。心智是負責規範一切的心理裝備，是讓一切順利運轉、幫你取勝……或讓你失敗的必備軟體流程。根據希格的描述，心智「規範活力與資訊在我們體內、在我們人際關係裏面的流通，它是一種自然發生、自我組織的流程，能引發我們的情緒、思想、與記憶這類心理活動」。我們的心智無時不刻、不斷處理著一切流經的大小事件，讓我們做得好或做不好。

正因為這樣，我們不能只因為「有了關係」或只因為交了一個「朋友」，就指望這關係能發揮一切，讓我們再創高峰。僅僅交了朋友還不行。我們還得在**心智**層面構築真正的**裝備**、以規範人生與運作功能才行。這種心智或心理流程，必須經過發展，在我們體內、在我們的關係中規範活力與資訊的流通，投入一切表現的外在世界。經過這種發展，我們才有能力以不同方式思考、感覺、以不同方式自我規範，表現得更好。我們不能一心一意只顧著關係，還必須在我們的心智營造提升表現的裝備才行。我會在這本書裏不厭其煩、反覆強調這其間的重大差異。沒錯，關係很重要，但前提是它必須**是一種**能夠營造好的裝備（不妨稱它是心智的科技）以改善表現的關係。

想提升表現就得改善裝備，套用電腦術語說，就是得提升處理器與軟體。這一切的重點，就在於加強表現「引擎」的馬力，在於加強你的自律能力。透過某種關係經驗，隨著經驗成長，活力與資訊更能合作無間，表現也變得更好。你的身體／腦、關係經驗、與心智一起工作，讓你表現得更好……或阻攔你的表現。想提升你的表現，就不能疏忽關係這種「他人的力量」。實體、關係、與心智三者都很重要，它們相輔相成，但真正的構築工作得在關係之中進行。

寫這本書的目標就是幫你了解：我們總是想方設法自我提升，我們努力營造能力、想讓自己更有風格、訂定更好的方案、策略、與人做更好的溝通、盡責任事、努力不懈、保持彈性，等等，這些工作當然都有用，但還不夠。問題在於，你無法只靠自己就改變這些事。憑你已有的這些裝備，你的表現已經達到極限。不過，你可以運用某幾種關係發展這些能力，一旦能力加強，你的裝備也提升了。

想在表現上更上一層樓，你當然需要有不同的想法，但想有不同的想法，你得先有不同的心智，你的腦也得先有不同的「激發」才行。想讓你的心智與腦子，產生思想、感覺、與行為的裝備出現這種變化，你得讓自己「重新配線」才行。

## 改變神話解密

在經過一年半共事以後，我與一家全國性公司的執行長會面，檢討這一年半以來的教練課程。他說，「這事情很有意思。今天這些變化讓我稱奇。我不敢相信由於上了這些課，**我對業務的思考竟會有這麼大的差異**。無論就專業與個人而言，今天的我與一年半以前的我已經判若兩人……剛開始的時候，我連想都沒想到能有今天。不過這事有一點很神奇……我有些不解。」

「你有什麼不解？」我問。

「是這樣的，你經常問我的想法。但你一般不會明確告訴我應該想什麼，應該做什麼。事實上，有時我真希望你在下課時，能給我一張比較具體的待辦事項清單。我希望有時你能要我『去做這些事』，讓我能走得更遠，更快，讓我做得愈來愈好。」

我忍俊不住……開始大笑。他望著我問道，「你為什麼笑？我說了什麼讓你笑成這樣？」

我於是把理由告訴他。「我笑是因為，就算你想辦到，成長、進取、邁上又一高峰之道，並不是我們能夠控制，或藉著發願、或藉著選取就能做到的……對嗎？我們都知道你喜歡掌控事情。但想做得更好，重點不是『發願』要做得更好。而是**要當一個能夠表現得更好、表現得不一樣的人，重點在於改變裝備。**」

他了解我這個幽默。他的成長是一種過程的成果，不是意志力、也不是每次按照計畫完成一堆待辦事項的結果。當然他一直做著我交給他的特定工作，甚至有時我還會給他許多作業。但他的表現出現變化這件事，其實主要不是他能掌控的。像許多頂尖領導者一樣，他也篤信掌控，喜歡掌握事情來龍去脈。但做得好不是一種獨腳戲，不是一個人可以控制的事情。他所以成長，是因為他能運用與我的關係，能運用工作中出現的其他關係，這些關係使他變得不一樣，表現也與過去大不相同。他的裝備變了。

我告訴他，「重要的是過程。只要像這樣繼續做下去就行了……我們今後還是會像過去一樣、討論你提出的問題，然後你再根據我們討論的結果去做，你會繼續改變……你會因為『思考器』改變而與過去想得不一樣。它的馬力變得更強。相信這一招。它一定管用。」

那位執行長隨即舉了一個例子，證明我的說法。他告訴我，在公司最近一次董事會中，董事長對他剛剛做成的一項交易條件非常不滿，毫不客氣地指責他，說他似乎沒有善盡職責，在這項交易的訂定過程中，有效對抗競爭對手、保護公司利益。情況似乎是，董事長懷疑他沒有一項真正的、因應未來的計畫，懷疑他不知道今後將如何帶領公司對抗競爭對手。

「在過去，我會立即思考怎麼採取行動為自己辯護，讓董事長知道我能對抗競爭對手，把公司利益保護得很好。但這一次的我不一樣。不知為了什麼理由，我非常冷靜地告訴他，『不僅不會有問題，我還採取了一些步驟保證讓競爭對手更難趕上我們。』我接著說明已經訂下的、可以迫使競爭對手全面撤出市場的攻勢策略。我基本上就是根本不考慮防守問題。我腦子裏想的是與過去非常不一樣的東西，我想著攻勢……我從過去的純守勢轉守為攻，讓我們公司的市場態勢完全改頭換面。那是完全不同的思考，而我並沒有不斷告訴自己，要自己這樣做；事情就這樣發生了。而且我發現這樣的事一再發生。我的思考與過去不一樣了。」

我向他保證，「隨著你繼續成長，那些能力還會不斷增加。你不必『鞭策自己』表現得更好。你會自然而然表現得更好，因為你的裝備不一樣了，作為也會不一樣。」

## 強大的發現

想像一下，不必努力控制你的反應、感想或緊張，真真正正地不做反應，面對讓你緊張的事而能不緊張。想像一下，在開口說話以前，不必想辦法改變或控制自己要說的話，不必咬舌頭、忍住老套說法，就能讓一套不同的說法順口而出。真正的成長就是這樣的，我們的表現裝備出現質變，讓我們的表現與過去不同。你會發現，那種成長出現在具有關鍵動能的重要關係，當它們呈現時，你會成長、改變，你的能力也增加了。那就是他人力量的成果。

某些方式進行的關係，效應有多強？人際交往關係具有質與量的效應，僅舉其中幾種變數如下：

- 你能活多久
- 你能不能完成目標
- 你能不能談成一筆交易
- 你能賺多少錢
- 你的孩子在學校表現得好不好
- 你對人有多信任
- 面對緊張與失敗，你能不能處之泰然
- 你處在什麼樣的心情

- 你感受到多少肉體上的痛苦
- 你怎麼想，想些什麼

想想這些變數，想想我們在處理這些變數時，一般會怎麼做。舉例來說，如果你想長壽，你會不會更加注意你的飲食、你的運動、還有抽菸或不抽菸？你會不會注意減重、計較卡路里、勤練伏地挺身？**或者你找親朋好友共享你的人生**？

如果你想達到一個目標，你會只注意你的策略，還是說**你會找與你共事的人與你攜手一起邁向目標**？

如果你想創建成功的企業，或想讓現有企業更成功，你會只注意策略與執行嗎？還是說**你會努力營造一種欣欣向榮的企業文化**？

你若想談成一筆交易，或想讓投資人出資支持你的新創，你會只是強調成交或出資有些什麼好處嗎？還是說**你會強調關係與共享的價值**？

無論我們希望達成什麼目標，成功與否總是取決於與他人的關係。得不到他人幫助，或遭到他人存心破壞、詆毀，我們一般都會失敗。這種過程中沒有靜止不動這回事。我們若不能在良好關係鼓舞下成長茁壯，就會或急或緩、不斷倒退。

我們要在下文中觀察以下幾種特定關係，並探討它們如何幫我們、或阻礙我們超越現有極限。

- 我們總是喜歡與人結交，但有時結局未必能讓人稱心滿意，面對這樣的現實應該怎麼做
- 我們本身在交往關係中的立場，能決定這種關係能不能對我們有益
- 我們如何填充油料，以求更好的表現
- 我們如何自我控制，精益求精
- 如何透過關係，打造讓我們勇於表現的自主感（ownership；按：為交出成果擔負完全責任）
- 對抗往往使我們對目標產生抗拒感，我們應如何克服這種對抗的特性
- 在提升能力與衝刺力的過程中，結構與時間扮演的角色
- 關係系統中最具毀滅的力量

- 在營造能力的交往關係過程中，如何建立與維護信任

我所以專門選出這些議題，有幾個原因。首先，這些議題代表的是創造佳績所需的許多主要動力。你會在下文中看到，無論你或你的團隊現在處於什麼位置，這些議題，包括填充油料、自我加強、自主意識、加速達標、建立架構等等，每個都是再創高峰的重要砌磚。其次，真相是，這些動力每一個都靠關係增加能量。它們都在前文提到的「幸福三角」中成長。我們會逐一檢驗讓這個幸福三角茁壯的關係有什麼特性。

現在就讓我們開始吧。首先我得問一個最重要的問題：「你在哪裏？」

【金句】

◎助人的祕訣，就是關係。真正讓人改變、治癒的，是心理學者與客戶間的關係。

◎科學數據證實，想讓人做得更好，百分之百得靠關係。這種關係不只是與友人吃喝玩樂而已，它必須是那種正確的關係。正確的關係能增加我們的韌性，帶領我們走向成功。

◎我們的心智必須沐浴在關係中，才能成長茁壯。

· 3 ·

# 聯繫的四個角落

飛機降落了，空服員說，「現在安啦，可以使用行動電話。」你打開你的手機，首先會發生什麼事？手機螢幕上方會出現一行字：「搜尋……」或「搜尋聯繫……」或「搜尋網路……」。

在手機搭上網路以前，什麼事都不會發生。但一旦連上線，奇蹟在看不見的世界出現了。你的這支手機現在有各種能力，可以自動下載或排除軟體中的病毒；可以下載新軟體做過去不能做的工作。透過這種連線，外在世界所有的資源突然間都等在那裏，聽憑你調用，為你效力。透過這種聯繫，手機將你與整個世界結合在一起，讓你運用它的一切資訊與知識、竅門與技巧，讓你表現得更好。透過這種聯繫，世上幾乎沒有不可能的事。這支手機超越它的原有極限……它可以變得更大、更好。

但若是不能連上正確的網路，這個小裝置就算設計得再好，能夠做的工作也很有限。當然，它還是能夠為你報時，為你提供行事曆，或幫你儲存原先的通訊與照片。但沒有強而穩定的連線，新的、更好的東西不會出現。一旦沒了聯繫，你的手機功能受限。無論你怎麼加倍使勁，它也只能不斷造出你早先在飛機上已經做好的那些成果。

人的情況完全一樣。你像那樣，我也像那樣。打從出生、來到這世上的那一刻起，我們每個人體內的「晶片」（chip）就開始搜尋正確的網路進行連線，那種能提供我們活力與資訊（寫程式〔coding〕），讓我們跨出現有能力、經驗與表現範疇的網路。無論對任何人來說，這種搜尋，這種對連線的需求都不是選項。它與生俱來，而且無時不刻隨時都在進行，就算我們不知道、甚至我們不想連線，也沒法讓它停下來。

只要你活著，你的心智與心靈就會搜尋與外界的聯繫。你需要一個「他人」。需要幾個他人。需要一個社群為你帶來各式各樣人生要素，幫你超越自我，更上一層樓。

與外界聯繫的需求早在你呱呱墜地前已經展開，一直到你壽終正寢為止。你只要還有一口氣在就需要聯繫，就那麼簡單。

我們從外界、從與他人的聯繫過程中取得燃料給養。無論是智慧型電話或是人，系統一旦不能與外界聯繫就會開始衰竭、枯萎。這是不爭之實。凡人都需要聯繫，人的系統總是在搜尋著聯繫。

## 不能成長茁壯

不久前，我向一位公司董座解釋這個過程。他答到，「你這番話正好說明了我們公司三年來的狀況，以及我們必須解雇我們那位執行長的理由。」

「此話怎講？」我問。

「我們聘了一個超級巨星當執行長，」他說，「至少我們原本將他視為超級巨星。他是個天縱英明、擁有一切的人，但我們逐漸發現事情有些不對勁。在他的領導下，公司文化出現轉變，變得比較沒有活力，比較沒有團隊精神，比較沒有工作熱情，走向也開始變得模糊不清。」

之後情況更加惡化。董事長對我說，那個執行長像個與世隔絕的孤島一樣。儘管他照樣「現身」主持說明會，也會在公司各部與同事互動，但沒有人認為能與他親近。董事會也曾不斷嘗試給他建議，但他總是關起門把自己鎖在裏面。他的執行團隊覺得，他根本不是這個團隊的一員。他既不參與執行團隊活動，也幾乎從不徵詢他們的意見。

接下來，事情開始影響他的決策。他更加疏離團隊與董事會訂定的目標，開始搞自己的一套，而且不徵詢任何他人的意見。他闖下許多禍，害得公司花許多時間與金錢為他收拾殘局。情況很明顯，那個執行長必須走。

「可嘆的是，直到現在，」董事長搖著頭繼續說道，「我才發現主要問題不在於他的決定或他打算採行的策略，而在於他自我封閉，根本不與董事會、與他自己的團隊、與公司聯繫的事實。他的決定都是他閉門造車的產物。」

一支手機或許看起來很正常……短期間你看不出它有什麼毛病。它能計算，能運作程式，也仍然保有基本功能。但如果不能連線，不能很快取得正確聯繫，它的用途變得非常有限。人的表現情況也是如此。

你在哪裏？

你曾否來到一家餐廳會見友人，坐下來，聽友人問道，「你在哪裏？」你若仔細一想，會發現這話問得很滑稽。你可以回道，「我就坐在你面前，你好傻，你以為我在哪裏？」

不過你當然知道他們問的其實不是這個。他們問的是一些更加深奧得多的東西：「你在哪裏……真正的你？你的心，你的智，你的靈？內在的你？」他們問的其實是

「最近一切都好嗎？」

有趣的是，我們在這裏用的是「**哪裏**」這兩個字，彷彿我們說的是一個地方，是一種內在空間。當然，你或好或壞，一定在「某個地方」。

這「某個地方」是一種**聯繫**狀態，就算當你獨處時也不例外。所以，下一次當有人問「你在哪裏」時，更嚴肅地思考這個問題。能好好回答這個問題，可以改變你的表現、你的成長，還有你的人生的一切。

## 「你在哪裏」的可能性

現實生活中的你，總是處在**四種**聯繫狀態中的一種。無論你在表面上經歷的是什麼人生處境（成功或失敗，或介於兩者之間）。在任何指定一刻，你的**聯繫狀態只可能有四種**。這是這本書的前提，而且科學與經驗也已證明，了解**你在哪裏**，是你可以為自己做的最重要的事之一。

聯繫雖說有四種，也就是我們的關係空間的四個角落，其中只有一種能幫你成長、茁壯。另三個角落只會損害你的表現與你的幸福。它們甚至能毀滅你的眼光、你的關係、你的表現、與你的健康。成敗關鍵就在於遠離其他三個角落，投入那唯一對你有幫助的角落。你不妨將這套進出之術視為一種關係地理，視為一張有四個角落的地圖：

一號角落：斷了連線，沒有聯繫
二號角落：壞的聯繫
三號角落：表面上很好的聯繫
四號角落：真正的聯繫

## 一號角落：斷了連線

本章前文所述的那位執行長，就是生活在一號角落人士的最佳範例。有時個性外向的人，甚至一天到晚在他人身邊打轉的人，**仍有可能屬於這一類**型。事實上，世上一些最不與他人聯繫的人，例如反社會者（sociopath）與自戀者，一開始往往非常有魅力，非常吸引人。但他們無法對他人投入真正的感情。真正的聯繫永遠意味以一種有施也有受的方式，對他人做情感與實際上的投入。沒有聯繫的人少了一些東西，或是少了施，或是少了受。真正有聯繫的人有施有受。他們在情感上自我呈現，勇於施捨，也樂於收受。

身為領導者若活在一號角落的世界，往往不能營造強有力的人際關係文化。他們建立的組織文化或許也強調表現、業績，但組織成員不覺得自己真正獲得關愛，不覺得自己的貢獻受到重視。而且就算有時也能造出好成績，一般而言也是好景不長，人與人之間的信任與善意，因欠缺深刻而正面的關係與關愛文化而腐蝕，組織文化愈來愈讓人難以忍受。在這種情況下，最健康、最有才幹的人一般都會求去，另尋讓他們覺得自己更受重視、覺得自己可以全心投入的地方棲身。

在斷線領導者領導下，決策往往是閉門造車，若不是純由領導者本人一意孤行，就是由領導者建立或培養的小圈圈負責決策。有時斷線領導者也會容許一兩個人進入他們的世界，但通常這一兩個人的作用只能像人肉盾牌一樣，讓一號角落的斷線領導者繼續躲在氣泡裏。這種人肉盾牌有時是一名同事，或是一名直接部屬，或是伴侶，或是任何可以協助領導者與外界隔絕的聯繫人。這樣的聯繫本身一般不很健康，或許能讓領導者與幫他聯繫的人肉盾牌感覺互惠，但是不健康。

就像所有封閉式系統一樣，這種「封閉式系統」領導模式會隨著時間過去而每下愈況。由於不能汲取外界能源與情資，與關鍵現實或相關各造脫節，決策愈來愈荒誕、怪異。關鍵人士與其他相關人等會開始心想，「他從外星來的嗎，在想些什麼啊？」

與一號角落的領導者共事能讓人沮喪而困惑，不妨想一想與一名斷了線的人交往會是什麼樣，它比你與專業人士套私交還糟。那會是一個孤獨的地方……那是一種奇怪、有時能讓你發瘋的經驗。

與一號角落領導者共事的夥伴得不到互動，他們覺得領導者誤解他們，對他們的話充耳不聞，而且他們對領導者也產生不了影響，因為領導者似乎沒有心靈上的共感（empathy，或譯為同理心），或只能很膚淺地表達心靈共感，而且不能真誠地支持他人。事實上，一號角落的領導者對待他人的方式，有時讓人覺得他們沒有感情，對他人的存在似乎無感。就像音樂人喬治・索洛古（George Thorogood）的歌：「我獨飲時，喜歡身邊沒有別人。」

在一段時間過後，與一號角落領導者共事的夥伴會因信心盡失而退出。我們在人生旅途中，都會碰上一些應該為我們帶來聯繫、卻沒有帶來聯繫的重要關係。但即使在那種情況發生時，搜尋真正聯繫的過程仍在繼續。

## 困在一號角落

直到目前為止，我描述了與一號角落的人打交道的情景。那很難，很孤單，而且無以為繼。但如果我說的這位身處一號角落的人物是你（雖說你原本並不自知）又將如何？如果你想知道你在哪裏，只要問問你的人生中依賴你的人就行了。問問他們是否覺得你需要他們、重視他們、聽他們的話、信任他們。如果他們回答「是」，則你很可能沒有困在一號角落裏。坦白說，如果你讀到這裏、而且了解我的意思，則你不可能生活在一號角落裏。

但就算你沒有完全與世隔絕，你的聯繫仍有可能不夠強，仍有可能不如你預期中那麼健康，一些屬於一號角落的現實仍有可能出現在你的世界中。對表現優異的人來說，這種現象非常普遍。

基於一些理由，人生經驗告訴你，要你必須靠自己。你會用非常實際的方式不讓自己需要任何人。儘管你關心他人，也為他人付出，你切斷了自己的需求。你為他人付出（有時還付出很多），但你獲得很少。對你來說，幫助他人很簡單，但要你接受他人的幫助卻很難，特別是情緒上的幫助尤其如此。

有時這甚至是成為領導者的順理成章之道：一個行動派，一個家族英雄，一個人人仰賴、樂善好施的人。曾經與我共事的執行長中，有很多人是這樣。他們一直就是家族中表現最好的，很早就學會幫著做原本他人該做的事。他們年紀輕輕已經不再依賴他人，而成為他人的靠山。但在成為企業層峰、結了婚、或在踏入其他必須相互依存才能茁壯的重要關係以後，他們這種不與人的互動風格帶來了問題。他們總是單方付出，為他人出頭解決問題，卻很少向外在世界求援。

比這更惡劣的是，領導者這個身分有時能將人逼進一號角落。我們常聽到「孤獨是領導者的必然」這樣的感嘆。許多領導者確實感到高處不勝寒，但並不一定是這樣，而且最好的領導者懂得創造條件、幫助自己避開一號角落。當然，既然身為領導者，有時必須做出只有領導者可以做的艱難決定，但領導不應是一種孤單或封閉的作為。一旦領導的作為顯得孤立、封閉，事情一定出了差錯，而這是可以調校的問題。

不久前，一位執行長由於碰上大多數領導者難以碰上的極度難題而打電話找上我。我問她，董事會對這個問題的看法。

「什麼？」她答道，「我還沒有跟他們討論過這件事呢。」

「為什麼不找他們？」我問。我知道董事會對這位執行長很有好感，也很尊重她，但更重要的是我知道這個董事會很有實力，有嚴密的網路，能為她提供好建議。

「我不能讓他們見到我這麼狼狽。我不能像這樣找他們求助，」她說。

「我還得問，為什麼不？」我追著她問。

「因為他們眼裏的我是領導者，」她說，「他們認為無論什麼問題都難不倒我，我也知道我辦得到。但是，我不能讓他們知道現在我的處境有多麼艱難。」

「妳開什麼玩笑啊？」我說，「如果妳不能，那他們就不是董事會。他們本來就該群策群力的。如果他們的執行長碰上難題，他們每個人都應該知道問題是什麼，都應該一起站出來替妳分憂。我很了解他們。他們並不把妳當成超人……他們眼中的妳是執行長。妳做得很好，而且還會繼續做得很好。但在這一刻，妳需要他們的幫助與支援。尤其是妳想做得好，也特別需要他們，這也是他們分內的工作。」

我終於說服了她，她也終於讓董事會知道出了什麼問題。那一步改變了一切。他們聚集在她身邊，把她拱出了那個致人於死的一號角落。

無論怎麼說，我們都知道有時保留一手，是一種明智之舉，一種策略運用。毫無疑問，職場有時是競爭激烈的競技場，人們為了自我利益、為了各種動機在裏面角逐、廝殺。但是，正因為如此，你更需要找一個可以與人聯繫、尋求支援的地方。

如果你不能在人生一個面向中找到聯繫，甚至只是暫時如此，你更應該從其他面向中尋求支持。如果你發現自己處境不佳，再怎麼也無法透過人際網路尋求活力、支援、下載之類的，那代表事情一定出了大亂子。領導、羞恥心、恐懼感、壓力或習慣，已經把你逼進一個成長遲緩、最後以失敗收場的角落。

在寫這本書時，有一天我參加一次編輯會議，會中有個人說，「哦，我記得碰過這樣一個老闆。我沒辦法對他真誠……那太危險。但我知道，想不被這個老闆打垮，我得經常與我在公司裏一位最要好的同事不斷聚在一起，彼此打氣，相互提醒，讓我們知道是那老闆瘋了，不是我們瘋了！每在我們與這老闆講話之前與之後，我們都會聚在一起取暖。這一招很有用。」太好了。就算碰上可惡到不行的人，你也不能讓他們把你變成一個自我封閉、與世隔絕的人，不能讓他們把你逼進一號角落。但這樣的事層出不窮。

全球領導高峰會（Global Leadership Summit）創辦人比爾．海波斯（Bill Hybels）與我，幾年來每年都在密西根湖（Lake Michigan）舉辦領導研習會。我們從商界與非營利組織的領域找來一群表現優異的領導者，在山明水秀的密西根湖聚會幾天，讓他們可以暫時拋下工作，與其他領導者聚在一起，思考各種領導議題。

我很快就開始讓與會者填寫問卷，蒐集有關他們怎麼領導的資料。其中幾個問題特別針對一事而發：「領導者是否往往只因為身為領導者的角色，而被逼進一號角落？」以下是我提出的問題與得到的結果。

- **問題一：**你是否有一個地方，可以讓你卸下所有防備，對你因為領導而承受的一切百分之百坦誠，讓你毫不隱藏地訴說你的掙扎、衝突、需求、弱點等等？
- **結果：**百分之八十的領導者說，「沒有。我沒有這樣的地方。」

- **問題二：**你是否有任何人或任何群體，與你交往純粹只為了幫你，讓你成長，能為你身為領導者的成長與幸福而全力以赴？
- **結果：**百分之八十的領導者說，「沒有。我沒有這樣的地方。」

現在，讓人稱奇的事來了：

- **問題：**你在過去一年有沒有那種你認為已經達到「嚴重得必須送醫」的經驗？包括心力交瘁、活力盡失、沒有鬥志、無法集中或專注、焦慮或緊張、沮喪、沉迷或上癮、失眠問題等等。
- **結果：**百分之八十的領導者說，「有。」

生活與工作都在一號角落的領導者，會付出代價。

卡在一號角落，那個與外界隔離的角落，並不表示你不是一個親和的人，也不必然意味你的生命中沒有他人，或你不會幫助許多他人。許多一號角落的人和藹可親，不斷幫助他人。但它確實意味這一切都是從你而出。你或許樂善好施，身邊也圍繞很多人，但你與他們沒有聯繫，當你最需要他們時，他們卻幫不了你。長此以往，這種情況會讓你心力交瘁，讓你無法充分發揮，甚至導致你的失敗或毀滅。

想知道如果置身一號角落，你會怎麼樣嗎？以下是一些可供觀察的跡象：

- **臨床**面：壓力愈來愈大；精力、集中力與進取心愈來愈差；睡不好覺；性慾降低；恐懼與焦慮感增強；愈來愈疑神疑鬼、不信任人、憎恨別人；失去希望與目標。
- **關係**面：不再像過去那樣覺得自己與他人息息相關，就算在自己家裏、在個人生活中也覺得比過去更孤立，與你最關心的人漸行漸遠，與你最親密的人衝突不斷，脾氣愈來愈暴躁，缺乏耐心、易怒，或者根本不願與他人互動、不願與他人共處，失去與人交往的興趣。對關係本身感到失望，產生一種與外界失聯的感覺。
- **表現**面：得不到你需要的成果，覺得無論什麼事都必須靠自己親力親為才行；覺得無法「掌控一切」，拖延散漫、雜亂無章、目標模糊不清，覺得別人應做而未做的工作拖累了自己，注意力無法集中。

以上這些現象，你可有似曾相識之感？它們不好玩，對不對？

## 二號角落：壞的聯繫

我們天生需要與他人聯繫，還記得嗎？就算我們有時或者害怕，或者不自知，我們體內的「晶片」（chip）始終在搜尋著聯繫。大多數的人有時陷入的不是一號角落，而是二號角落：**壞的聯繫**。那情況彷彿是，我們的「晶片」在做了一番評估之後，認定壞的聯繫比根本沒有聯繫總要好些。不過我得提醒你，那不是一種有意識的行動。我的意思是，哪有人會想辦法爭取壞聯繫？但情況似乎是這類情事層出不窮，我們不承認也不行。

二號角落也就是壞的聯繫，儘管可能，但聯繫上的未必一定是壞人、惡人。事實上，這種聯繫指的是讓你不由自主地靠近一個人，而這個人能藉由一些方式，讓你感到自卑或「我不夠好」。讓你覺得自己很差勁、有瑕疵、好像自己有什麼毛病一樣。不知怎地，你聯繫上的這個人（或這些人）能影響你的一生，讓你感覺不快。

對方可能是你的老闆，或是一名董事、一位客戶，或一個朋友、家人或直屬部屬。他們形式、種類各式各樣，不一而足。但他們都有一個能讓你不快的共同點。他們有各種辦法，例如對你吹毛求疵，提出無理要求，要你十全十美，不斷指責你，吝於讚美，讓你羞恥，讓你感到罪惡，貶低你，對你不發一言等等，把你逼進第二號、壞聯繫的角落。

之後呢？你的領導能力、活力、幸福、專注力、與熱情都遭到分化、削弱。你開始改採守勢，跟在後面亦步亦趨。你努力壓抑自己，退入一個能讓對方對你再生好感、讓你對你自己恢復信心的位置。於是你整天愁眉不展，擔心自己在對方眼裏做得不夠好。不久前，我聽到有個領導者在為他那位挑剔的執行長準備報告時說：「說不定還能搏她一笑呢。」他一直擔心自己在她面前表現不夠好，因此總是「不求有功但求無過」。

我對他說：「別傻了，她從來沒有好臉色，想要搏君一粲，只會自討苦吃。」

身在二號角落是一種人皆有之的經驗。但讓我稱奇的是，竟然有這麼多表現極端優異的人（其中不乏舉世知名的人物）向我告白，說有人就有那種能耐，讓他們在他面前擔心自己表現不夠好。從體壇到商界，到演藝圈，到藝文界，竟有這許多超級巨星會因為擔心自己讓某人不滿而感到不安。

或許你就處在這個角落。事情可能進展得很好，也可能你在度著小月。但那其實無關緊要，因為那個特定的人對你的想法，比事情究竟進展得好不好更加重要。重要的是，那特定人士會不會因為你沒有做到他們認為你該做到的事而對你表示不滿，不肯支持你；不是善意的建設式批判，而是冷嘲熱諷般的斥責。

無論事情還有什麼其他發展，如果你身在二號角落，基於一些理由，你體內的「晶片」與**這個特定網路**搭上線，取得與特定人士或團體的聯繫，讓你對自己、你的工作或你的人生心灰意冷。這種聯繫為你帶來焦慮、恐懼、罪惡感、羞恥與低人一等的感覺。它讓你夜不安枕，不斷想著這特定人士或團體對你的想法，想著自己做錯了什麼，或應該怎麼做比較好等等。

除了讓你心灰意冷以外，二號角落最惡劣的效應，或許是它對你的表現、你的功能運作造成的影響。迷失在自我貶抑的人不可能有好表現。二號角落透過自我懷疑與自我貶抑而將好表現徹底埋葬。你更加關心的不是表現本身，而是你的表現能不能獲得某人贊同。簡單說，這種事一旦發生，你已經孱弱了。想跟在別人後面亦步亦趨，想博取他人歡心，但這是最差勁的守勢策略。你應該集中精神全力投入比賽，但你一心一意擔心的卻是某人對你的想法。你既不能集中全力、專心投入，當然做不出好成績。那根本不可能。

對凱文來說，這個壞聯繫就是他的新老闆。凱文在這家公司擔任社長已有幾年，表現一直很好。公司的一切業績指標都在上揚。董事會對他也很器重。凱文稱得上春風得意……直到來了新老闆。

控股公司執行長（凱文原來的直屬長官）退休了，董事會找來一位新執行長。這位新執行長一開始就不喜歡凱文。也不知為了什麼，他對凱文與凱文的表現似乎有些成見。情況就好像他少了哪根筋一樣，無論凱文怎麼努力為他工作，兩人的關係始終好不起來。這位新執行長每在與凱文打交道時，若不是表示他不喜歡什麼，就是要求凱文改變做法。他與凱文的交往雖說並非全屬負面，但即使在情況最好的時候，勉強稱得上

「微溫」，絕對談不上令人鼓舞。

在這位冷漠的執行長上台以後，凱文的表現開始退步。凱文想了很多，也反覆自問應該怎麼做才能改善兩人的關係。但每當凱文自認做了一件能討好這位新執行長的事，對方潑冷水的反應都讓他灰心不已。一場惡性循環就此展開。

這時的凱文改採守勢，已經不復昔日風采。他退入被動反應模式。他開始懷疑自己的能力，擔心自己的每一步行動會不會出錯。換句話說，他已經失去魅力，失去偉大領導者擁有的那種氣場。二號角落的人生讓他感到自己低人一等，讓他受盡折磨。

有時候，你甚至不需要另一個人也能讓你有這種沮喪感。你的主要聯繫對象，可能不是凱文的老闆那種人，而是你自己內心那些不滿之聲。就算沒有老闆或另一個人也能把你逼進二號角落；你就這樣孤單一人困在那個角落裏。甚至在獨自一人開車時，你都有可能陷在裏面、無力自拔。

你的主要聯繫對象，若是一個長期活在你腦海裏、喜歡評論你的影子，或許是當你幼年時代，或過去踏入你生命的一位重要人物就會出現這種狀況。那個人植入你腦海中的訊息，成了你的「晶片」隨時連線的對象，它給你的反應讓你永遠覺得自己不夠好，讓你採取守勢。把你自己與一個不切實際、根本不存在的標準相比，你自然必敗無疑。

無論把你逼進二號角落的是真實的人，還是活在你腦海裏的聲音，你的表現都會受到不良影響。你開始因為失敗而自怨自艾。任何一個壞消息或壞結果，都成了你能力不足的證據。你的信心逐漸消失，你困在二號角落、跌跌撞撞。

## 二號角落像什麼樣

如果你看過一場精采的拳擊賽，你就知道當比賽出現那樣一刻時，在場每個人都知到勝負即將揭曉。其他運動比賽也會出現類似一刻，不過在拳擊賽中，這一刻特別明顯。當一名拳手被逼進角落，只有招架之功、全無還手之力時，這一刻出現了。

當一個人，特別是一位領導者，一心一意只想博取他人贊同，只想表現得讓他人滿意或只想「過關」時，那人的樣子與表情與那位困在角落的拳手一般無二。其他人都看得出你已陷入絕境，只有挨打、沒有還手之力。

團隊成員，特別是執行團隊的成員，會失去對這樣的領導者的敬意，最後離心離德。多年來，我與許多團隊成員談到他們的領導者，聽到他們說，「我希望他勇於做主，不要總是想讓別人喜歡他。那情況就好像這裏有人占了他的位，或至少奪了他的影響力一樣。儘管他是領導者，那些人比他權力還大。我們需要他挺身而出，領導我們。」

採取守勢的領導者，就算發起一項新行動、推出新產品或新策略，往往仍然處於爭取贊同的模式。**他會比較想脫手，而不想投入。**真正的表現是一種表達，而不是一種爭取他人好感或讚美的請求。在一般情況下，當一個人希望別人贊同時，這個人的表現多半比較不能讓人贊同。

## 三號角落：以假亂真的「好聯繫」

讓我們面對現實。沒有人喜歡自己孤獨一人、隔絕於世或孤僻古怪。這些都是令人相當不快的感覺，所以你體內那個搜尋聯繫的「晶片」會告訴你，「真是夠了，我要有一些好的感覺。」於是，你體內的「晶片」開始尋找能讓你開心的東西進行聯繫。

二號角落的聯繫讓你難受，或讓你覺得自己不夠好，三號角落則正好相反。自我感覺良好，有時還「好得不得了」。這種正面的感覺透過各種形式出現：婚外情、上癮，對升遷、獎勵或好成果念念不忘，下一項購併、下一個重大產品的推出、他人的讚美等等。食色、毒品、一輛新的法拉利（Ferrari）名車。這些事都能讓人魂牽夢縈。問題是止痛藥其實治標不治本，它們只能緩解痛苦，暫時讓人好過一些。

我見過成癮於「報喜不報憂」的領導者。他們只想聽進展順利的消息。那種消息讓人聽了很開心。他們要身邊的員工與董事們每天對他們歌功頌德。他們喜歡崇拜者的簇擁，喜歡名位，喜歡別人的讚美、喜歡私人飛機等等讓人飄飄然的盛大排場。

我曾與一位處在三號角落的執行長共事，在過程中不只一次見到這些現象。每在面對失敗或挫折時，他會很快提出一項耀眼的新策略或新行動，開始追逐下一個亮麗的目標。這讓他把之前的敗績拋在腦後，精神百倍、再次出發。董事會最後終於發現他這個毛病，在他大張旗鼓、展開新一輪行動以箝制止了他，只是他這些三號角落的輕舉妄動已經讓公司損失慘重。

對傑洛米的幕僚長來說，傑洛米永遠不可能犯錯。她總是與傑洛米站在一起，為他打氣，恭維他的決定，贊同他的評估，認為錯估了的是傑洛米的長官，不是傑洛米。如果事情搞砸了，她會向他保證那不是他的錯。要怪就得怪大老闆，怪經濟，怪產業，怪政府規範當局，無論怪什麼，反正只要讓他覺得好過就行。一但事情做成了，她會把他吹捧得像個巨星，陶醉在霧裏雲端。

她為他加油打氣，讓他愈來愈「自我感覺良好」。這種聯繫為他建了一個保護盾，擋住身周一切進展不順的事。問題是，像所有三號角落的聯繫一樣，她為他帶來的是假象。她只是為他止痛，讓他避開現實而已。

對所有在三號角落的領導者來說，諂媚或許是最強的毒藥。他們喜歡別人捧他，不幸的是，他們的地位讓他們成為諂媚者最好的下手對象。他們有顯赫的頭銜，這使他們真心以為耳邊的甜言蜜語是實話，卻不知他們已經墜入諂媚者操控的陷阱。許多人認為，巴結領導者是邁向成功的最佳法門。雖說這種想法對雙方來說都是死亡陷阱，但對領導者來說，這往往是一劑特別有吸引力、毀滅效果也特別強的毒藥：事實上它會讓領導者依賴他或她領導的那個人。他「需要」那些諂媚讓自己開心，一旦到了這個地步，「誰是吸血蟲，誰是狗」已經搞不清了。三號角落領導者需要愈來愈多的甜言蜜語，而且百聽不厭、永不滿足。

物質、獎勵、讚美、唯唯諾諾的馬屁精、性的誘惑、嗜好等等，都能使我們自我感覺良好……只不過很短暫。短暫歡愉過後，我們需要再來一劑。需要再聽到一個好消息，例如季營業額又創新高等等。老問題還在那裏，但我們需要再來一劑。只不過止痛藥永遠不能真正治病。

像所有各種上癮形式一樣，需索更多成為人生在世的原因。每天忙著為自己找下一個快感。人生就是如此而已。

## 三號角落像什麼樣

一號角落與二號角落讓人意氣消沉，但三號角落讓人神采奕奕。它充滿樂趣。它魅力十足，讓人迷戀。經歷三號角落的人像吃了安多芬（endorphin）一樣飄飄欲仙。公司推案進行得如火如荼；叫好聲此起彼落。有時整個公司一片狂喜。在那一刻，就連安隆（Enron，按：曾是美國第七大公司，二〇〇一年因舞弊醜聞宣布破產）看起來都成了好公司。諂媚當然能讓人心花怒放，問題是無法持久。

我碰過許多主管團隊，他們都希望他們的執行長能夠轉過頭來看著他們，和他們溝通，與他們一起工作，而不是整天在全國或全球各地飛來飛去，與「要人」會面，出席「讓自己顯得很酷」的活動。當然，公關發言人與公司外交也是領導者扮演的部分角色，但那與我說的是兩回事。

某些領導者開始給他們的團隊一種印象：他們要當名流，或至少要進入上流社會與名流混在一起，因為這比他們的團隊和實際工作更重要。一切以領導者為主的想法，給人的感覺不好。領導者不願聽任何壞消息，給人的感覺也不好。不願接受批判、不願容忍異議的領導者，經過一陣子會失去人心。他們與部屬的聯繫很淺薄，盾牌後的領導者看來完全不進入狀況，他們膚淺，而且一切以自己為中心。

我們人類總是千方百計自我安慰，但到頭來它們都不過是些導致我們自以為是、成績愈來愈差的陷阱。我曾共事過的一位主管就認為，她的三號角落是一種藉由購物達成的零售治療。當我向她解釋四個角落的概念時，她以不敢置信的眼神望著我。她隨即領我來到她的辦公室裏一個貯藏間，向我出示證據：裏面擺滿宴會服、鞋子、衣物、配件飾品，而且都是在上班時間買來的戰利品。我問她這是怎麼回事。她說，「我現在懂了。這都是三號角落在作祟。當事情進展不順，當我與老闆的互動出問題時，我放自己一個小假，溜出去購物。直到剛才為止，我一直認為這只是正常喘口氣、紓解壓力的好辦法。現在我知道了，它是自我安慰的藥。它是一種關係，購物成了我的療程。」

還有一位領導者玩「夢幻足球」（Fantasy Football）上了癮。只要一緊張，只要事情稍有不順，他就沉迷在電腦遊戲世界中，一連幾小時流連忘返。想必一定還有許多領導者迷上高爾夫、打獵、釣魚或網上漫遊吧？

有一次與我約好晚餐的執行長遲到了。他終於來到時，對我說，「我得招供一件事。」

「什麼事？」我問。

「我迷上性，最主要是線上色情影片。我為此加入一個諮商團體以尋求幫助。這就是今天遲到的原因，」他說。

「怎麼回事呢？」我追問。

「嗯，我學到一些東西。每當例如老闆或重要客戶之類的權威人物挑我毛病時，就會觸發我的癮。我跑進我的線上世界尋找慰藉，那讓我感覺舒服多了。

「在來這裏途中，我得先找我的贊助人，討論我的狀況。老闆今天對我挑剔得很兇，我在離開辦公室時就很衝動，想找些刺激、樂子，讓自己好過一些，但我知道這樣做會後悔。所以我找上我的贊助人，跟他談了好一陣子，直到我的衝動完全過去以後。這就是我今天遲到的原因，而且為了復原，我必須坦然把這件事告訴你。」他說。

三號角落一直是他尋求慰藉的安樂窩，這是他學到的教訓。當事情進展不順時，它讓他覺得快樂。但這種快樂不僅不能持久，還會損及他的婚姻與人生的方方面面。

性、美食、名酒、嗜好、獎品、好業績、慶祝、勝利、行樂、刺激的關係與活動、異國情趣的旅遊、產品、玩具等等，這一切都是非常有趣的人生調劑。我們也應該享受它們。但它們永遠無法實現你的「聯繫搜尋」之夢。終有一天，那新車的味道逐漸消逝，獎盃不再光亮耀眼，那一開始很酷的關係也沒那麼炫了。到了那一刻，你內建的晶片重新發出訊息：「仍在搜尋中。」

## 三個角落的圓環路口

我喜歡在歐洲開車，尤其是駛經圓環路口的經驗令我難忘。駛經圓環路口有個竅門，就是除非你想一直繞圈子，就得找到適當出口離開圓環。我得承認這些圓環路口讓我平白繞了不少圈子，但只要不是耽擱過久，對我來說，多繞幾圈其實還滿有趣的。

不過，在三個角落的圓環路口繞來繞去就不好玩了。你或許曾經在那裏繞。你首先來到一號角落，覺得有些寂寞孤單。你向外探索，希望找人結伴，或找一個社群。但你不知不覺進入二號角落，建立一些關係，但結果讓你覺得不夠好。這時的你心情很差，不僅心灰意冷，還有一種罪惡感，覺得自己低人一等。

你忍無可忍，於是做些事讓自己開心。無論你選了什麼處方，就去三號角落走一遭吧。你在那裏遊蕩了一陣，覺得好過一些，然後隔不多久，你掉頭回到二號角落。現在你感到羞愧，覺得自己已經失敗，掙扎著承認你又一次舉手投降。

於是你又回到一號角落，覺得自己已經陷入絕境，無路可走。現在怎麼辦？

嗯，你可以回到三號角落，再來一劑止痛藥。有時你真的又回去了。於是就這樣，事情一再反覆。你一而再、再而三地通過同一個地方，但你始終找不到出口。還有什麼其他地方可去嗎？如果有，你該怎麼走？

讓我們繼續往下看……

【金句】

◎只要你活著，你的心智與心靈就會搜尋與外界的聯繫。你需要一個「他人」。需要幾個他人。需要一個社群為你帶來各式各樣人生要素，幫你超越自我，更上一層樓。

◎聯繫雖說有四種，也就是我們的關係空間的四個角落，其中只有一種能幫你成長、茁壯。另三個角落只會損害你的表現與你的幸福。它們甚至能毀滅你的眼光、你的關係、你的表現、與你的健康。成敗關鍵就在於遠離其他三個角落，投入那唯一對你有幫助的角落。你不妨將這套進出之術視為一種關係地理，視為一張有四個角落的地圖：

一號角落：斷了連線，沒有聯繫

二號角落：壞的聯繫

三號角落：表面上很好的聯繫

四號角落：真正的聯繫

# · 4 ·

# 前往四號角落

**需求**，一方面它的確是生命所以能運作的根本，但同時它又是一種我們不願擁抱的狀態。這是每個人一生中最大的矛盾。

想一想：在最重要、最基本的層面上，你怎麼取得氧、水和食物這類使生命得以運作的必要補給？**你得擁抱對它們的需求才行**。氧、水和食物不會綁架你，把你綁起來，迫使你接受它們，不會違反你的意願侵入你的身體。未經你的允許，它們不會進入你的體內。你允許它們進入你的系統，因為你需要它們。你因為有了這些需求而擁抱它們，你呼吸、吃、喝，取用外在世界為你帶來的給養。你不斷這麼做，於是不斷成長、茁壯。你從外在世界汲取你的系統需求，你的系統透過對這些給養的新陳代謝，構築人體系統的一切重要結構。

關係的情況亦然。它們像氧、水和食物一樣必不可缺，但我們往往不肯取用它們，更別說要我們開口爭取關係提供的那些關鍵性燃料了。我們往往卡在三個角落的圓環路口，找不到那些真正能幫我們成長的東西。我們不肯擁抱我們依賴他人支持與幫助的需求。

心理學家稱這種現象為「需求恐懼」（need-fear）矛盾。擁抱我們的需求讓我們自曝弱點，所以我們不敢擁抱需求。愈是需要他人幫我們什麼，我們愈是害怕開口求助。我們試著用其他方式管理這種需求，在一到三號角落逛來逛去，最後除了讓我們更加受限以外，都沒有好結果。我們若嘗試屏住呼吸，最後一定因缺氧而猛吸空氣。我們對氧的需求不會因為我們屏息而消失，它只會增加。當它增加時，我們對自己這種弱點的恐懼感也增加了。

所幸，你不必接受這三個角落都有害無益的現實。還有一個四號角落，那是真正聯繫運作的所在。但你怎能知道它是不是真正的聯繫？

## 真正的聯繫

用最簡單的話來說，所謂真正的聯繫，就是可以讓你做完整、真正、不帶絲毫虛假的你，可以讓你投入全心全靈與熱情的一種關係。這種關係的兩造都完全呈現，彼此相知，而且也相互投入。任何一造都能坦然與對方分享自己真正的想法、感覺、信念、恐懼、與需求。

無論在商場，在戰場，在人生，這種情況只出現在最好的團隊。無論你在哪裏，無論你面對什麼障礙，你需要你的聯繫幫你取勝。他們幫你弄清楚你目前的位置、你需要往哪裏去、真正的敵人在哪裏；他們為你帶來必要援兵，幫你取勝。所謂「有人挺你」，就是這個意思。當海豹特戰隊員空降敵後執行任務時，四號角落的聯繫來自三個問題：

- 問題一：我在哪裏？
- 問題二：敵人在哪裏？
- 問題三：我的戰友在哪裏？

無論問題一與問題二的答案是什麼，想脫離困境就得先找出問題三的答案。你如果走失，可以聯繫你的戰友幫你找路。如果敵人將你團團圍困，即將對你展開攻擊，你可以召來援兵，由你的戰友替你解圍。但你若找不到戰友，問題嚴重了。你可能過不了這一關。每一件事都靠彼此相互支援。海豹特戰隊員都知道這個道理，而他們受的訓練也要他們彼此扶持、相依為命，我們也應該這樣才是。

## 虛偽的面具

「真自我」與「假自我」是心理學領域的經典概念，它們的意義就是字面意義。真自我是我們真正的面貌，假自我是我們戴在臉上、保護我們自己的面具。

許多執行長與成功人士告訴我，他們最大的挑戰是真自我與假自我兩者之間的拉扯。由於位高權重，他們找不到可以放下面具的地方。前英國首相東尼·布萊爾（Tony Blair）曾經告訴我，領導者最困難的地方就是「一張臉」。我問他此話怎講，布萊爾說，比爾·柯林頓（Bill Clinton）曾經對他說，無論你碰上什麼，無論情況有多糟，身為領導者就得日復一日、擺出「一張臉」，一張充滿希望、力量與樂觀的臉。布萊爾說，大家都希望從領導者臉上看到希望、力量和樂觀，所以無論你內心有多恐懼、惶惑，你都必須展現自信。由大眾解讀領導者臉上表情所傳達的訊息。他說得沒錯，每個人都需要在領導者的臉上見到希望與堅定的決心。

沒問題……只要你知道這麼做只是因為你的群眾需要它，只是一種權宜之計。而且那還必須是真的。你必須真正相信你說的話，而且無論如何不能說謊。但那不表示你就沒有其他感覺了，躲在那張權宜面孔的背後，你仍然感到恐懼、灰心、或沮喪。領導者的問題是：去哪裏才能卸下那張面具？或者如一名海豹特戰隊員所說，當我要讓戰友知道我需要他時，我的戰友在哪裏？

面對他們的群眾，無論是選民、是員工、或是投資人，所有偉大的領導者都必須充滿信心與勇氣地表展示他們的信念，但他們同時也需要一處安全所在療傷、止痛、復原，放下他們的戒心，做他們真正的自己。

太多領導者認為，這兩張臉不能並存，但如前文所述，對聯繫的搜尋永不停止。每個人都需要一個伴；我們都需要表達我們的需求，都需要知道有人會聽到、會滿足這些需求，都需要知道我們可以獲得協助、得到解脫。

一個叫做「青年主席組織」（Young President's Organization，YPO）的專業團體確切將這個理念付諸行動。YPO的會員分成多個稱為「論壇」的同儕學習小組。這些論壇往往每月一次、集會一整天。一名執行長告訴我，「它不只一次救了我的人生與我的事業。只有在那個地方我才能做**真正**（又出現這兩個字了）的我，才能讓大家知道我究竟在哪裏。而小組就在那裏等著我。當我需要他們時，他們會跳進來幫我。它比我參與的任何其他活動都更有價值。」他舉了許多例子，說明他的小組多年來如何幫他解決商業問題、關係問題、個人議題，如何成為他的好戰友，挺著他撐過專業與個人生活中最艱困的歲月。

誠如他所說，「他們只是關心我，希望我成功，如此而已，沒有人會想從我這裏撈什麼好處。所以，他們除了守在那裏、等著幫助我以外，並沒有其他意圖，我可以無拘無束地向他們提出我的需求。」

這只是四號角落聯繫的一個例子。我們先舉一個反面例子，看看欠缺好戰友帶來的高昂代價。

## 失去了心

黎姆是一個著名醫院系統負責人，也是心臟外科名醫。由於善於創新，他在醫界獲獎無數，讓醫療系統獲利的能力也讓他享譽商界。

但就在這事業巔峰，他打電話給我。「我需要找你談談，」他說。「我有問題了。」

我們撥出一天時間，他飛到洛杉磯，告訴我一個痛苦的故事。

「怎麼回事？」我問。

「我犯了一些大錯，」他說。「這些錯會搞砸一切，我得把它們弄好才行。」

他對我說了一個三號角落行為的故事，內容涉及幾年期間與護士、醫院員工等人的幾段婚外情。他的妻子以及他領導的兩個醫療系統董事會最近發現這些事。不用說，嚴重的漣漪效應（其實應該說是海嘯）出現了。

他的妻子搬了出去。他的醫院關係與投資人受到威脅。他的夥伴面對極為燙手的公關山芋，而且這還是最起碼的問題。他的四個子女受到傷害，對他的一切憧憬與夢想完全破裂。他的人生與事業遭此重創，毀在旦夕。

毫無疑問，他本人也已經遍體鱗傷。甚至早在事發以前，他已經因為必須過兩種生活而恍若置身地獄：一方面他是他這一行與社區的領導者，另一方面他是騙子與外遇者。正如他所說，「事情終於曝光，儘管這麼痛苦，我還是很高興，因為它已經快把我折磨死了。」（事實是，他已成年的女兒與女婿逮到他說謊，他們起疑，於是跟蹤他的車，發現他與一個女人在一起。）

他接下來談到這個故事的要點。

「我來這裏看你，」他說，「請你對我的計畫提供一些意見。我要扭轉這一切，挽回我的婚姻，真真正正地改變。所以我做了一些嚴肅的承諾，搬來一些我認為有用的東西，我想知道你對我的計畫有什麼看法。」

他對這項計畫抱了很大希望；他說，他的妻子說，如果他真的痛改前非，她願意幫他解決問題，否則她不會再回頭，到目前為止還不錯。我問，「你的計畫是什麼？」

「我已經向蘇珊保證以後要做個好丈夫，要更加對她關懷體貼。我看得出來自己在不工作的時候，是多麼心不在焉……我的工作壓力實在太大。有時我不理會她的情緒需求，但以後絕不再犯。」

黎姆談到他在動高危險心臟手術時承受的可怕壓力，「只要稍有不慎，就能害了這些人的命，」他喃喃自語，「我承受的壓力大到令人瘋狂……但是開心手術的特性本來就是這樣。我必須極度謹慎，不能出任何差錯，從頭到尾都不能。」

他承認，每當下班回到家時，他只想喝幾杯馬丁尼（martini），輕鬆一下。但現在他要改變這一切了。「我保證要做一個好伴侶。每天晚上我們要一起散步，共進晚餐，我要專心聽她說話，」他解釋，「此外，我還同意徵詢婚姻顧問，學習滿足她的需求，改善我們的關係。做得更好些。」

他進一步描述這項大計畫的其他部分，包括每天閱讀精神刊物，吃得好些，多做運動，以及改變其他生活方式等等。「但最主要的，」他補充說，「還是當個好丈夫，務必讓她得到她要的而我過去疏忽的東西。我列了一張她的需求清單，決心以後按照這張單子做。」

與妻子親近、精神紀律、健康的生活方式、婚姻顧問、竭力滿足她的需求等等。沒錯，這些都是幸福人生的要素。但聽他不斷講著這些事情，我的心情卻愈來愈沮喪。倒不是因為他不需要做這些改變，他的確需要。我之所以懊喪，只為了一個簡單的原因：這項計畫會失敗。就像我可以確定我們坐在這裏一樣，我可以確定**這項計畫一定失敗**。

聽完他這計畫，我為他感到難過，也為她感到難過，因為照這樣下去，下一個受害人必然是她。

「你覺得怎麼樣？」他問。

「想知道真心話嗎？」我反問。

「當然啦，」他說。

「套用你的行話，我認為你又要動心臟手術了。」

他茫然不解問道，「你這話怎麼說？」

我說，「我想你可能已經與好幾百個你的心臟病人，做過同樣這類談話。他們得了心臟病，但之後又不處理造成這些心臟病的生活方式議題，所以你知道事情還會重演，你可以見到它即將來臨。」

「但我做了很多改變，」他反駁，「**很多改變！**」

「我知道……我怕的就是這個，」我回答，「你要做的這些改變都只會使病情更加惡化，而不是轉好。你是在使問題更嚴重，而不是在解決問題。」

「怎麼會？」他問。

「你採取的這些策略每一項都要你付出更多，要你更有紀律，要你更循規蹈矩。要你更努力，做更多服務與犧牲。**這整個計畫完全仰仗你，那不可能辦得到。**」

「但……為什麼？我想改變，就必須做這些事啊。」

我不厭其煩地向他解釋說，他提出的這些做法，雖能處理婚姻上的問題，卻解決不了造成他外遇的基本問題。我提出警告說，「如果這就是你的計畫，你還會再犯。我敢打包票。」

「但為什麼？我真的決心不再幹這些事了。」他說。

我相信他確是下了決心。但他這做法有一個基本問題：整個計畫完全仰仗他的表現與他的付出。我這麼對他解釋：「簡言之，這個計畫的成功全部仰仗你的力量。它靠你的能力、你的付出。問題就在這裏。這些年來，你因為有你的需求、你的軟弱、你的痛點，所以有這些行為。但現在的你仍然有這些需求、軟弱、與痛點，它們沒有就此消失。而這項策略完全沒有提到如何滿足你的這些需求，如何引進力量補強你的軟處，如何尋求慰藉，安撫你心靈深處的痛點。」

根據我的觀察，他的整個計畫沒有提到如何尋求幫助以滿足、或應付他的需求。他的整個計畫就在於展現力量，卻沒有說明如何構築力量。那就像一輛汽車耗盡了油料，而你想出來的對策，卻是要這輛車「自備燃油」、跑得更快一樣。

黎姆的問題不是出在他的強項，而是出在他的軟弱、痛點與他得不到滿足的需求。我猜想，如果我們回顧黎姆的個人史，一定會發現一長串金星獎、表揚狀、服務勳章，當然，那都是好事。但我想，我們大概找不到什麼他軟弱、需要依靠他人鼓勵、支持、幫助的例子。

我對他說，「你或許只有在表現好的時候，才能經由獎賞和獎盃之類的方式得到鼓勵。」黎姆點頭稱是。於是我指出，真正的鼓勵是當你意氣消沉、軟弱無力、需要**他人幫助**時得到的助力。由於得不到真正的鼓勵，黎姆開始在各種錯誤的地方、在許多女人的懷抱中尋求慰藉與聯繫。「那是你可以真正放下警戒的地方，」我指出，「而且有人在那裏專門守候著你。她們不向你要任何東西，只是在那裏讚美你，與你每天操勞十四個小時、一切為了他人的例行工作正好相反。」

他看著我，一言不發。他眼神透著茫然……仍然不言不語。好一陣子，他就這樣一臉驚愕呆在那裏。

於是我問，「你是否記得曾經需要他人、依賴他人？」我們的對話開始進入真正有趣的階段。

他在凝視遠方幾分鐘以後開口說道，有一件事曾經為他帶來許多不一樣的經驗與回憶。「我剛想到一件事，或許與你說的有關，」他說。

「什麼事？」我問。

「這事聽起來有些古怪，不過或許就是你說的那種事。在我大約十六歲的時候，我父親酗酒的問題爆發，必須入院戒酒。父親酗酒一直就是我們家的隱憂，但我們總是避而不談，設法迴避。直到最後，他終於必須送院治療。那就像一個大惡兆出現一般。

「沒多久，我父親住院以後，母親也精神崩潰，必須送院治療。他們告訴我們，她得離家很長一段時間。當時，我的兩個妹妹與兩個弟弟年紀都還小。那天晚上，在父母都離家以後，我記得獨自一人走進院子，望著天空，不知今後何去何從。這事記憶猶新，彷彿發生在昨天……我在心裏大聲吶喊……或許我當時真的大聲喊了出來，『再沒有人可以依賴了。一切都要靠我，』」他表情凝重地說。

黎姆發現，他之後就過著這樣的日子：照顧弟弟妹妹，照顧其他人，半工半讀念完大學，無怨無悔熬過八年訓練，成為心臟外科醫生。他的一切所作所為，都在付出。

我對他說，他陳述的情況與人的心臟停止運作時的情況頗相類似。我想，舉這個例子他當然了解。

「好吧，這麼說看你懂不懂。人的心臟是不是有四個瓣膜？兩個進、兩個出？」

「嗯……可以這麼說，不過沒關係，繼續說，」他說。

「比如說，如果你的兩個瓣膜阻塞了。你總是把東西往外打，但是只出不進，」就這樣，我對著一位當代心臟外科名醫開始解說他的心臟如何運作，「你的整個人生就是表現，不斷付出，卻得不到任何成長茁壯所需的東西。在來到某一個點以後，你總得在**這方面**有所補償才行。你開始想辦法滿足這些需求，找一些東西進來。你要慰藉，要關懷。你找到一個好辦法，就是性。自古以來，無數表現傑出、不斷付出的人也靠它尋求滿足。這辦法確實也有效，只是時間有限。問題是，只靠性，永遠無法滿足那些情緒需求。就像吸毒一樣，你永遠需要更多。另一個問題是，現在它對你的人生已經造成實際後果，你的婚姻，你的事業，一切你珍視的東西。」

黎姆需要外界、他人的幫助，但他忽略了這種需求，終於造成他今天的困境。現在為了脫困，他為挽回他的婚姻與健康而訂了一個計畫，但這計畫又一次完全依靠他一個人獨力支撐。「你提出的這個解決問題之道，恰恰就是問題本身：它完全依靠你。你又回到中學時代那個晚上。」

「既然如此，你的計畫又像什麼樣呢？」他問。

我建議他向外界求助，就像人們心臟病發作，自己醫不好，得請專家來醫才行一樣。

「不妨這麼看。你怎麼做才能成為偉大的外科醫生？全靠你自己嗎？那可不行。你得虛心求教，請人幫你，讓人將他們的知識與經驗傳授給你。他們為你示範，他們教你。當你犯錯時，他們指正你。當你覺得住院醫師必須整天不停動手術，你再也撐不了一個星期時，他們來到你身邊鼓勵你。當你第一次失去你的病人時，他們會陪著你，幫你度過那一切身心折磨。當你需要學習最新的技術或裝備或治療規則時，有人來到你身邊幫助你。真相是，你所以能成為你，成為一位非常成功的心臟外科醫生，是因為你能借助他人的力量。但在這類領域中，要你自曝弱點容易得多。因為沒有人能指望一名第一年的住院醫師動心臟移植術。在這種情況下要你向他人求助容易得多。而且我敢說，你的病人也會慶幸你不是一個『自學成材的外科醫生』。你從業界最優秀的前輩那裏學得這一切。現在你只要想一想，怎麼在今後做這同樣的事，不要當個『自學成材的人』

就行了。」

## 不一樣的計畫

一年後，黎姆與我再次通話。當他第一次過來看我時，我提出一個與他的非常不同的計畫，強調構築四號角落的聯繫，而他也全力遵行。也因為這樣，黎姆挽回了他的事業與他的婚姻。他加入「性癖成癮者匿名會」（Sex Addicts Anonymous，SAA），還進了一個成功人士支援團體；他接受個人教練與顧問，每周一次與妻子一起參加婚姻諮詢會。由於加入SAA，他還有了一位無論什麼時間都能打電話求助的贊助人，他與這位贊助人每周一次共進午餐。

這是極為繁重的工作，特別是對一位像他這樣肩負重責大任的外科醫生而言尤其如此。但他對我說，「我必須告訴你，我的整個人生與一年以前大不相同了。你在一年以前告訴我，說我的計畫不會成功。當時我完全不懂你在說些什麼，但我相信你，因為你多年來見過許多像我這樣的人。若不是因為那天見了你，我不會有這樣的覺悟：**我得面**

對我的短處與痛點，得向外界伸手求援，在一種不同的思考模式中復原。」

黎姆說，在專家協助下，他才發現原來自己過去一直依賴自我治療模式，而這種模式已經妨礙到他的工作、婚姻與家庭生活。直到最後，他才不得不向事實「投降」，承認他確實有需求，承認他需要其他人幫他。

當黎姆向其他人開誠布公，與其他人共享他的恐懼與不安全感時，他有了另一項領悟：原來許多極有成就的人也像他一樣為同樣議題而掙扎，「聽著他們的故事也讓我學到許多。他們共享他們的議題，讓我從我自己的議題中學習，讓我知道我需要怎麼做。聽他們的故事對我真的很有幫助。」

他的復原計畫另有一個重要層面，就是「責任」。知道有人會過來看你，看你做得好不好，能為你的計畫帶來一項重要資源。一旦你的掙扎不再是一個祕密，不再是一個只有你能處理的問題，你就可以透過他人的鼓勵言語尋求解決辦法與支援。黎姆把這件事歸納結論：「像我這樣的人都有個大問題，就是我們都自以為是鬥士（gladiator）。我們可以衝破重重阻礙，殺出一條血路，我們永不放棄。但在面對我們的需求或弱點短處時，這種鬥士心態並不管用，畢竟我們不能只靠自己。」他說得完全正確。

## 找到你的需求

四號角落是一處人們可以真正聯繫、可以展現真實，根據《韋氏辭典》（*Merriam-Webster*）的定義，所謂真實，並不是複製、模仿的偽品，一旦你能找到一個展現真實自我的地方，你就能**得到需要的資源，能用這些資源滿足你的需求**。

海豹特戰隊員已經筋疲力盡，準備放棄認輸……直到見到岸上的戰友舉拳為他打氣。一名頂尖外科醫生需要療傷、止痛、復原、再出發……之後從他人那裏找到智慧與支持。

麥可・菲爾普斯（Michael Phelps）需要超越他的極限，才能贏得史上最多奧運游泳獎牌……於是他找到鮑伯・包曼（Bob Bowman）當他的教練。

無論在運動、商務、或軍事領域，幫你脫穎而出的總是他人的力量。理查・布蘭森（Richard Branson；按：維珍集團創辦人）在他所著《維珍之道》（*The Virgin Way*）一書的第十五章討論領導時，引用金克拉（Zig Ziglar；按：國際著名演說家）的話說，「許多人就因為其他人相信他們，而能走得比自己以為的更遠。」當金克拉說這話時，神經學還不能為這種現象提出解釋。布蘭森在踏入商界之初，曾拜父母親友人大衛・畢佛斯（David Beevers）為師，每周與畢佛斯共處一個晚上，學習經商之道。畢佛斯甚至還幫布蘭森學習財務會計的基本。如果年輕的布蘭森當年沒有敞開心胸，沒有坦承自己的無知，虛心求教，事情會像什麼樣？如果布蘭森當年由於害怕自己的短處曝光，躲進一號角落、自我孤立，事情會像什麼樣？或者如果他在二號角落，設法自我證明？或者如果他卡在三號角落，用性或其他東西尋找慰藉，事情又會像什麼樣？果真如此，這世上不會有維珍集團。布蘭森當年採取的做法是，以真實的面孔走進四號角落，取用所需助力。

布蘭森之後在籌備維珍航空公司（Virgin Airlines）時，向航空界老將福瑞迪・雷克（Freddie Laker）取經。雷克教他如何在沒有錢的情況下，與英國航空公司（British Airways）這類業界巨人競爭，還告訴他如何在「毫無民航業經驗」的情況下創辦維珍大西洋（Virgin Atlantic）。在布蘭森口中，雷克是協助他造就這一切的恩師。布蘭森說，「若是沒有福瑞迪的實用智慧，我在民用航空這個領域根本無從立足。」

想一想。

- 亨利・福特（Henry Ford）的成功，因為有湯瑪斯・愛迪生（Thomas Edison）
- 馬克・朱克伯（Mark Zuckerberg；按：臉書創辦人）的成功，因為有史蒂夫・賈伯斯（Steve Jobs）
- 比爾・蓋茨（Bill Gates；按：微軟創辦人）的成功，因為有華倫・巴菲特（Warren Buffet）與艾德・羅伯茨（Ed Roberts）
- 傑克・尼可勞斯（Jack Nicklaus；按：高爾夫球星）的成功，因為有傑克・葛洛（Jack Grout）
- 麥可・喬丹（Michael Jordan；按：美國職籃巨星）的成功，因為有菲爾・賈克森（Phil Jackson）
- 比爾・惠雷（Bill Hewlett）與大衛・派卡（David Packard；按：兩人共同創辦惠普電腦）的成功，因為有斐德烈・特曼（Frederick Terman）
- 雪莉・桑柏格（Sheryl Sandberg；按：美國電腦產業女企業家）的成功，因為有賴利・蘇莫斯（Larry Summers）

世上沒有自學成材的人，每個偉大的領導者都得向他人敞開心胸，以滿足他或她的一項需求，無論那需求是什麼。人的需求五花八門，林林總總，但**滿足這些需求的方法卻非常狹窄**，那就是你必須謙卑而誠實地擁抱需求，向「他人的力量」伸手求助。除此之外，別無他法。

在我與位高權重的執行長、以及其他頂尖成功人士超過二十五年的共事經驗中，凸顯了一件事實：**敢於向他人求助**的領導者成就最高、做得最好、克服的難題也最大。這類領導者大多數出於自願而找上我（也就是所謂「自薦」），與那些奉老闆或董事會之命前來找我諮詢的領導者大不相同。這類「自薦」領導者往往帶著一張清單而來，清單上說明他們需要什麼幫助。他們之中不乏《財星》（*Fortune*）雜誌二十五大企業排行榜的大公司領導者，經營的錢財數以十億美元計，而他們卻主動開口：「我需要你幫忙……」他們的謙卑往往令我震驚。能夠聽到一位真正偉大的領導者自曝其短說：「我需要你幫這個忙」，真是何其有幸。他們的真實之美與力常讓我內心感動不已。無論那位領導者有多少豐功偉績，面對需求，他或她只有簡單的「誠實」而已。

自然，我也曾見過其他類型的領導者：那些並不真想向他人求助、不能或不願擁抱自己需求的領導者。他們什麼都知道。這類領導者在找上我的時候往往會說，「我並不真的需要幫助，但我的董事會要我找你談談。」在過去，我會竭盡所能將他們的抗拒化為成長與見解……或至少不那麼抗拒。那是高貴的工作，很有價值。但近年來，我覺得自己彷彿電影《致命武器》（*Lethal Weapon*）中的丹尼．葛洛佛（Danny Glover）。他在與梅爾．吉布森（Mel Gibson）雙雙中槍時嘆道，「我太老了，不能再玩這樣的把戲！」想辦法讓人知道他們需要幫助，已經不再是我想做的事。我要把時間花在那些願意求助的人身上。為什麼？因為只有願意求助的人，方能成長、做得更好。我真正學到一件事：這樣的人無論如何，總是最有成就的人。表現最好、最有成就的人，是那些懂得謙卑、知道自己需要什麼、而且能坦然表白的人。

這是公司董事會、執行團隊面對的最重大問題之一。領導者往往喜歡找一群俯首聽命的人組建董事會或執行團隊。他們唯領導者馬首是瞻，雖說這也是好事，但制衡作用消失了。領導者不能謙卑求助，董事會也不敢告訴領導者說他需要幫助。國王沒穿衣服，竟然沒有一個人敢告訴他！

不過真正的超級巨星不一樣。這樣的人才氣縱橫、聰明絕頂，知道單憑一己之力成不了大事，知道他們需要的一切，都在他人那裏。於是他們開口求助。因為他們有需求。他們從一個真實、毫不設防的地方與他人聯繫，擁抱他們的需求。他們成長、他們學習、他們茁壯，我喜歡與這樣的人一起工作。

無論你在哪裏，做一個這樣的人。懷抱謙卑的心，走向四號角落，請求能幫你的人幫你滿足你的需求。無論你需要的是情緒上的支持、是勇氣、是智慧、是專業、或是純社群，走向四號角落……留在那裏。

**【金句】**

◎愈是需要他人幫我們什麼，我們愈是害怕開口求助。

◎真正的聯繫，就是可以讓你做完整、真正、不帶絲毫虛假的你，可以讓你投入全心全靈與熱情的一種關係。這種關係的兩造都完全呈現，彼此相知，而且也相互投入。任何一造都能坦然與對方分享自己真正的想法、感覺、信念、恐懼、與需求。

◎四號角落的聯繫來自三個問題：

- 我在哪裏？
- 敵人在哪裏？
- 我的戰友在哪裏？

# ・5・

# 優秀表現靠什麼

你是否遭過將你整個世界搗亂的大意外？例如你發現你過去的想法完全錯了，事實與你原本認定的正好相反？如果你是商場老將，則你很可能有過這樣的經驗。這樣的經驗一點也不好玩。舉例來說，我有一個朋友在美國東部買了一個漢堡連鎖，決定親自走訪其中幾家店。他發現買來的這些店許多已經殘破老舊，與他原先想像的樣貌相去甚遠。

我也曾有過這樣的意外，那是我職涯中最可怕的一段經驗。我請某人經營我的一家公司。之前我已將這家公司的部分業務賣了出去，而且獲利頗豐，因此對這家公司期望很高。我雇用的這個人是友人引薦的；他的背景與經驗正是我要的，我認為想讓這家公司再創高峰，就需要這樣的人。那段時間真是令人振奮……直到一切景物全非。

那天是十二月初，他來到我的辦公室，要求我立即為這家公司融一筆鉅額資金，以支付員工薪酬與其他費用。我想我一定聽錯了。因為幾個月以來，他不斷向我提出預估財報，認為公司到年底會賺很多錢，帳戶裏會有大筆現金。我也等著分一筆大紅，但現在他跑來對我說，如果想維持公司運轉，我得支付一大筆開銷。

我的第一個念頭是，就算再怎麼不堪，情況也不可能那麼糟，我們有許多應收帳款，他只是現金一時週轉不靈罷了。很顯然，他不過是需要一些錢調頭寸，等錢進帳問題就能解決。我只需多了解一下狀況，解決這個問題，就能分到我的紅。

但是（這類故事總有一個**但是**），當我花了一整天工夫了解事情真相時，我發現自己已經身陷流沙，有滅頂之虞。不僅應收帳款所剩無幾，公司也幾乎沒有營收。他說的**每一項**我們已經接下的明年的訂單，事實上幾乎沒有一項談妥。都不過只是「計畫」而已。一切都沒有定案，沒有訂金，沒有確認。那些都是他計畫中的生意，但事實上都還不存在。接下來真正的噩耗傳來：**公司這一年根本沒有獲利**。他一直入不敷出，我們欠了許多供應商與廠商大筆債務。最糟糕的情況已經出現：公司嚴重虧損、沒有進帳、不斷燒錢，我已經嚇得不知所措。

但我不僅因為公司搞成這種狀況而懊喪，也為自己看錯了人而痛苦。我覺得自己像個大傻瓜。我不敢相信自己竟會犯下如此大錯。我沒有經過仔細評估就聽信友人所說的話，將他的履歷表上那些東西照單全收，把經營重任交給他。我當時應該多花些時間，與更多人討論這件人事案才對。不過，經過一番長考，我發現一件事：他過去創下那些成就時所處的背景，與今天替我經營這家公司時的背景大不相同，所以過去致使他成功的一些因素今天並不存在；我早該發現的。

最糟的是，我還忽視了自己對這個人的直覺。儘管直覺告訴我這人不可信賴，但我不以為意，心想他有那麼好的履歷，一定可以辦到我需要他辦到的那些事。或許最惡劣的是，我這當老闆的過於放任，有好一陣子對公司營運未加深究。

我簡直痛不欲生。眼睜睜地自己鑄下的這場大禍，我不僅傷心，還對前途感到絕望。就算能保住這家公司，想脫困也得花很長一段時間。我一直在想，**我怎麼這麼傻！怎麼會讓這種事發生？**

更糟的事發生了。那天傍晚電話鈴聲響時，我站在家裏後院。本來我不想接，但想到適逢危機緊要關頭，還是看看是誰打來的為妙。當時「來電顯示」功能尚未問世，所以你得接起電話才能知道是誰打來的。我一接起電話立即後悔，因為我已經認出對方的聲音。

「發生什麼事了？」我的朋友問。

他是我在商界的前輩，是對我一生最有影響力的幾個人之一。我剛從研究所畢業，他就把我收進他羽翼之下，教我就算拿了三個企管碩士學位也學不到的經商之道。他從金融到娛樂、從房地產到高科技等多個產業都做得極為成功。在我眼中，他是商場常勝軍。

我的心往下猛沉。超人竟會選在我遭逢人生最大敗績的這個節骨眼上找上門來。打這電話的，為什麼是他這樣永不犯錯的人，而不是那些總是搞砸事情的人？為什麼是像他這樣把這麼多時間與精力花在我身上、教我如何不犯錯的人？想到自己目前的處境，想到自己得向他坦承一切，讓我羞愧得無地自容。

「嗯……很多事，」我支吾道，「事情不大好。事實上，非常糟。」

「怎麼回事？」他問。

「這次闖下大禍了，」我只得向他全盤托出。我把事情搞砸了，真的搞砸了。

他在電話另一頭沉默半晌。我等著他發飆，心想他一定會把我罵得狗血淋頭。隨即他說道，「嗯，我們都經歷過這檔事。」

等等……他說什麼？他說「**我們**」？難道他也搞砸過？

「誰？經歷過什麼？」我問。

「我們都犯過這種錯，」他說，「我們都曾經因為謀事不慎、見事不明、所託非人，或選錯交易對象，結果付出慘重代價。」

「連你也犯過這種錯？」我問，我簡直不敢相信自己的耳朵。

「那當然，」他說，「任何幹過大事的人都犯過這種錯，我們都得從中記取教訓。」

我們繼續談著，他了解我、關懷我，於是我內心深處出現一種變化。它很巨大，但我無法解釋究竟。直到許多年以後，我才從神經學家口中得知個中原委。

從外表看來，情勢與他打電話以前一樣黯淡無光。但我的**感覺**變了。我的頭腦變得清明。我可以感覺我的思考機器重新運轉。一直盤旋在我頭頂上方的烏雲開始透出曙光，為我帶來前所未有的**活力**。我不知道應該怎麼形容，只能說**我變了**。那就好像你重病了很久，突然間退燒了，藥效發揮作用，你覺得幾乎痊癒一般。那就好像在昏暗的暴風雨中曙光乍現一般。究竟怎麼回事？

現在科學知識告訴我們，我所以「痊癒」是因為他的心靈共感，因為他與我聯繫，讓我知道他了解我、認同我，與我**站在一起**。我的腦起了化學變化。許多天以來一直干預我的思考的壓力激素緩解了。在重新取得彷彿燃料補給的化學物（neurotransmitters，神經遞質，就是腦的燃料）之後，我的高層思考機器再次運轉。

基於幾個理由，我不再那麼沮喪。當然，發現這世界上並非只有我這麼愚笨是一大原因，但也因為我看見希望。與他（我的戰友）的談話讓我知道，像他過去一樣，我也可以捲土重來……以後還會有好日子。在生理上，我也覺得與過去不同。我發現自己又能好好振作，為解決問題做好準備。

情勢**並沒有任何**變化。只有一件事不一樣：我汲取了他人的力量。在與他談完話之後，我覺得自己又有了展開衝刺的活力與勇氣；我的油箱已經滿載。

一旦建立與他人的聯繫，我們可以覺察到我們的生理與心理活力驟變，不過要我們真正接受這種能與力的變換仍然很難。究竟是什麼讓我們活力大增、或讓我們欲振乏力？誠如神經生物學家丹尼爾．希格（Daniel Siegel）所說：「這個我們可以實質上規範、可以由我們人體與我們人際交往共享的『東西』究竟是什麼？答案是**活力**。」

希格教授窮多年之功研究這種變化過程與其他問題，結果有一項重大發現：

人與人之間的聯繫，不僅能提升我們的心智功能，還能透過實際運作，**賦予、提供**這些功能。我們的能力得透過活力與智慧構築。希格借用物理學者的用語說，**所謂活力**（energy），**就是做一件事的能力**（capacity）。

談到做事，我真得做些事來挽救這家公司。但首先我需要重拾我丟失的能力。就像那位海豹特戰隊員在與馬克搭上線以後，再次振作，鼓勇而前，終於抵達終線一樣，友人那通電話也為我注入活力。就這樣，我的身體、心理、我的情緒自我、與我的其他許多部分出現變化。在打了這一劑新的活力針以後，我終於能揮別沮喪與失敗感，開始解決問題。

## 重新加油

儘管透過實際經驗與神經學研究，我們已經知道它的效應非常真實，但想完全了解從關係中取得活力這件事仍然不簡單。

我有一次現場參觀電視歌唱比賽節目《美國好聲音》（*The Voice*）的決賽，我們都坐在觀眾席上，等候比賽開始。這時有個有些像啦啦隊、又有些像喜劇演員的人走了出來，把我們逗得手舞足蹈、又喊又叫。場子就這樣熱了起來。同時，製作人也在攝影棚裏來回游走，寒暄談笑，讓大家都很開心。

就在滿場觀眾雀躍歡呼聲中，樂聲揚起，主持人卡森．達利（Carson Daly）走了出來，節目開始了。等到參賽人進場時，現場氣氛已經「嗨」（high）到不行（如果現場裝了適當設備，我們或許可以對觀眾腦部進行掃瞄，檢視這些效應）。我敢說參賽者一定會在這種氣氛感染下，更加賣力演出。賽前出場為觀眾熱身的那位演員或伴奏樂隊，有一項重要功能。無論對現場觀眾或對參賽者而言，他們的例行演出不是串場、跑龍套，而是帶動整個經驗的燃料。

諾爾·迪奇（Noel Tichy）是領導問題專家，在傑克·威爾許（Jack Welch）擔任奇異（General Electric Company，GE）執行長期間曾擔任奇異的顧問。迪奇在他的著作《領導引擎》（*The Leadership Engine*, HarperCollins, 2009）中寫道：

> 所有的組織與生俱來都有活力，因為它們都是由人組成的，而人有活力。但在取勝的組織，成員似乎更具活力，而且顯然也能將它們發揮得更好。落敗的組織總是把活力花在內鬥、不肯因應市場需求進行改革等負面活動上，而勝出的組織卻能有效發揮活力，克服問題、因應新挑戰。它們這樣做，是因為它們的最高領導者知道正面活力能造成正面成果。就像運用理念與價值一樣，它們把活力當成一種競爭工具運用。

迪奇提出一個重要論點。補充燃料並非總是為了展開什麼了不起的行動，它未必涉及大吼大叫，未必需要激怒他人。舉例來說，當我面對前述那場事業危機時，我的恩師完全沒有指斥我，也沒有像我那位經歷二戰的父親一樣對我說，「是爬山的人，就沒有爬不了的山」。他只是與我談著，了解我的處境、關懷我，與我建立聯繫，就能讓我重新振作。

想取得真正有助表現的燃料，首先你得進入四號角落，讓其他人與你為伴，為你效勞，取得只有四號角落才能提供的那種聯繫經驗。這是希格等神經學者專家一再顯示的研究成果。不過在有些情勢下，想取得燃油補給，僅僅有人在一旁默默聽你傾訴心聲還嫌不夠。有時還得有行動。不妨這麼想：有時碰上汽車引擎熄火無法發動，你得推車向前，以打燃離合器、使車子重新發動一樣。當這類狀況發生時，我們需要四號角落真正關心我們的人給我們一記當頭棒喝。

我們經常混淆這個議題，總以為四號角落真實而誠懇的支持關係一定「正面」，而且只會出現在令人喜悅的思考中。這種關係的意圖以及它們志在取得的成果確實正面，但它們有時得論及許多負面的東西。如果我們執迷不悟或不能以某種方式表現，我們在四號角落的夥伴有時不得不以強硬手段點醒我們。他們必須說重話，這些重話有時也會傷人。但就像外科手術刀切割人體為了救命一樣，友人的逆耳忠言也能拯救我們。我們需要這類當頭棒喝以便重新啟動，邁向下一高峰。

不久之前，我參加一次執行團隊會議，在會中討論四號角落問題。在討論告一段落時，公司行銷長說，「好。那麼我們現在都置身四號角落了，對吧？既如此，針對我們一直以來對這個案子的看法，我有話要說。」接著他說了一些讓幾名在場人士聽了很不舒服的重話，但由於會中才剛剛討論了這個議題，既然置身四號角落，就應該彼此關懷而且有話直說。會議進展得很好。我們都知道那是有益的建言，不是針對個人的褒貶。一旦每個人都了解身在四號角落彼此關懷、有話直說的道理，我們的討論變得非常有活力。

## 資訊與學習帶來活力

蒐集新資訊是為系統注入新活力的另一途徑。這種途徑往往以一種新聯繫的形式呈現——建立新關係，從新夥伴那裏取得一套不同的技巧、知識、與專業。一個陷於困境的團隊得到一名新成員，那人為團隊帶來新知識、智慧、與見解，為團隊注入新活力。整個團隊於是重新振作。

特別是當問題涉及自我改善時，例如當我們想減重或想戒除什麼癮頭時，我們尤其需要藉助整個社群之力，替我們加油打氣，幫我們完成目標。研究結果證明，如果你置身於一個崇尚健康、或努力克服難題的社群，你的成功機率也會大幅提高。「慧儷輕體」（Weight Watchers，按：一家減重俱樂部）這類支援系統所以能做得這麼成功，原因就在這裏。它們讓你與一群同樣想減重、想健康的人共聚一堂，讓那種正面的活力發揮強大感染效果。其他目標導向的途徑也是同樣道理。我們身周愈是擠滿有志一同的人，愈能「槓桿」著那股活力、順勢讓自己成功達標。

一旦加入資訊與學習，活力也有增無減。讓你力爭上游的學習曲線與同儕壓力非常健康。強調成長的環境也會出現同樣動能。以「慧儷輕體」為例，加入這個團體的人不僅得到支援，還能學得健康人生新知，鼓舞他們努力減重。

如果你是商界領導者，請領著你的團隊與員工汲取外部（off-site）學習經驗、參加領導會議、接受在職教育等等。讓你的人擔任跨功能任務、把他們借調給其他老闆、其他部門、其他公司。讓他們樂於投入學習，你就能讓公司活力滿盈。傑克・威爾許因將這種學習活力注入奇異而著名，我曾在「領導者大會」（Leadercast；按：全球規模最大的一日領導會議）訪問威爾許，向他提出這個議題。他說他在奇異的時間有一半花在**傳授領導力**！想一想，一家全球數一數二的大企業執行長把時間用來**教育他手下的領導幹部**。但相對於一個停滯不前的組織，一個能夠學習的組織享有巨大的活力優勢。

想做到這一點也有些簡單的辦法。只需每個月準備一本優良的領導讀物，讓團隊閱讀，然後每周抽出一點時間聚在一起討論學習心得即可。你會發現團隊愈來愈有活力。

## 活力類型要正確

重點是，透過實際做法啟動情緒活力。在你的個人生活中，圍繞在你身旁的是哪一種活力？正面或負面？目標導向或停滯不前？健康或病態？你的四號角落加油站在哪裏？你從誰那裏汲取活力或成長激素？在你的專業生活中，也用同樣這些問題自問。誰為你加油？誰為你帶來新智慧活力、支援和其他養分？我們都需要補充這類燃料，知道在哪裏加油對我們很重要。

不久前，我在與一位執行長籌畫一次外部會議，以討論一些非常棘手的決策時，鼓勵這位執行長不要讓某人參加這次聚會。他對我的這項建議感到意外，問道，「為什麼不呢？他對這個市場很熟悉。」

「我知道，」我說，「不過這個團體必須學習發揮創意，學習進取，而想做到這一點需要創意活力，需要正面活力。如果讓他與會，無論他帶來什麼知識，這些知識都會因他在這個團體中釋放的負面活力而大打折扣。」

「哦，我的天！這話對極了！」他表示同意。

無論你是領導者、是父母、或是配偶，想一想你的一舉一動會釋出正面、或負面的活力。我說的，不僅是你個人、還包括其他人為你這群人帶來的活力。舉例來說，我有兩個十幾歲的女兒，我隨時注意、思考著她們與同儕團體的交往。我希望她們能與積極、關愛、勵志進取的孩子交往。為人父母，總希望自己的孩子能生活在這樣的人際關係中。既然活力有感染性，何不盡可能讓孩子生活在正面活力中，讓正面活力推動他們積極進取、奮發向上？

現在就來觀察一下你的人生與工作。你身旁是不是擠滿能為你加油的人？想擁有美好人生，就必須定期走訪這種人生四號角落「加油站」。舉例來說，我有一個定期聚會的小社群，而且我知道無論我當時情況是好是壞，在與他們會過面以後，我會感覺好得多，做得也會好得多。我敢打這樣的包票。你也不妨對自己做一次檢驗。

基於同理，要開始注意那些讓你活力耗損的人。我的意思不是要你裝出一幅自我中心、假新世紀的姿態，突然跑到他人跟前對他人說，「對不起，但我發現這裏有負面活力，我不能讓它流進我的人生，」說完走人，把那人的電話、郵址全部刪除。沒有人願意接受「負面活力」（不過對有些人際關係而言，結局是非有不可的必要）干擾。但碰上棘手情事時，很顯然，我們不能也不應該總是一走了之。想做一個有成就、能真正改變周遭世界的人，有時你得存心走進棘手情勢，努力扭轉它們。你要不怕困難，不避開「有問題的人」，所以你不能也不應該碰上負面情勢立即躲開。有時你得擁抱負面情勢，注入正面影響力，盡可能促成改變。如果可能，當一個改革催化者。

不過你仍然應該知道誰在耗損你的人生活力，你為什麼與他們混在一起，以及他們對你的影響，這非常重要。你還必須知道一旦與這些人共處，應該採取什麼策略保護自己、不受他們影響，這一點也很重要。要記住，就算是醫生，為免遭到感染或感染他人，有時都得戴上口罩。有時置身劇毒環境，他們還得穿上防護衣！所以，即使是在被迫、或是有意為之的情況下，你若面對極其負面的活力，就應採取必要防範以避免感染。我們近來聽到許多「管理你的活力」的說法。管理活力確實很重要，但你不僅要管理你的工作負荷與作息，還要管理周遭活力來源。這是高度人際互動的問題。人會釋出活力，也會奪走活力。你得觀察其中差異，見機行事。

領導者還有一個活力與新資訊的來源，就是我所說的「傾聽之旅」，這是指領導者與員工之間有架構、有意為之的互動或「控點」（touchpoint）。它的目標在於找出可能影響個人、團隊或公司表現的負面活力來源。我鼓勵領導者傾聽員工心聲，了解造成員工活力耗損的議題，特別是當公司本身與領導層訂定的策略造成困難與壓力時，這種傾聽之旅尤其重要。不要迴避負面活力。領導者單單只是傾聽，已經能為組織注入正面活力，展開組織轉型。

我在各種情勢中見證過這一招的功效。在一個案例中，總公司與分公司之間發生重大歧見。營運長的一次傾聽之旅澄清了雙方間溝通上的誤解，重建彼此間的互信。經過這次傾聽之旅，分公司團隊活力倍增，鼓勇面對挑戰，提出自己的解決辦法。他們開始在較高層面上思考。為什麼？因為他們的「思考器」在注入新活力之後起了變化。

這種做法在一開始可能讓你有工程浩大的感覺，但在見到成果以後，你會發現這麼做不僅重要，而且相對而言不難做到。像任何一項好投資一樣，它的成果也會與時俱增。與我共事的一位領導者一年之間，在好幾個地區辦了十幾場這類傾聽之旅。我與他一起出席會議，而我們的工作就是聆聽。一年下來，成果非凡。

## 不一樣的揮桿

就像活力的源頭有正面、有負面一樣，我們用來推動專業與個人成長的活力也有不一樣的「品牌」或「味道」。為了我們自己，也為了與我們互動的他人，了解一個人需要什麼活力品牌才能幫著成長，是件很重要的事。

我在過去幾本拙作中，談到我的人生曾有一段歲月，靠著他人的力量救了一命，還幫我找到人生的工作，且讓我將這段故事長話短說。

當時我獲選成為大學高爾夫校隊的隊員，準備入學圓夢。但剛進大學第一個星期我就傷了手臂，讓我之後兩年無法揮桿，最後終於放棄這個我自幼迷上的運動。就在這段期間，我與女友痛苦分手，還經診斷得了前期糖尿病，不時偏頭痛。我極度沮喪，心灰意冷。前後幾個月間，我像無主遊魂一般四處閒晃。雖說我也想好好振作重拾人生，但一切都徒勞無功，我在絕望泥淖中愈陷愈深，最後被迫休學一學期，思考今後何去何從。

我發現，想復原、重拾人生、再次振作，光靠我自己不可能辦到。首先，我在兄弟會的一個好友向我伸出援手，還把我介紹給他的姊姊與他在神學院進修的姊夫。他們收容了我。我說「收容」是貨真價實的，他們讓我搬進去同住，帶我度過那段人生黑暗期，直到我重回校園為止。

那是一段多面向的加油過程。它為我帶來邁步向前所需的情緒、智慧、生理、意志與精神活力。拜這對夫婦之賜，加上一位優秀治療師與一群好友之助，我開始有了不一樣的飲食，有了充分睡眠，有了因為沮喪而睽違已久的健康活動，我的身體逐漸復原。

在知識方面，他們向我推薦有關成長、哲學與神學的書，讓我大開眼界，學得許多新理念。我一本接一本讀著新書，參加研討會。在這段期間，我經歷的個人與知識成長經驗，超過十幾年在校求學過程一切相關經驗的總合。就像我曾經玩過的一切運動比賽一樣，這種強烈的成長經驗讓我勇氣百倍。

他們還在情緒上極力為我加油打氣。我經歷了許多折磨，他們鼓勵我盡情傾訴，從中學習，建立更加健康得多的新人生。早在「情商」（EQ）成為熱門詞彙之前很久，他們已經開始強調EQ。那段時間有時過得也很艱辛，因為所有四號角落的關係都不是憑空而至，不過我在那段時間的成長，很可能比這輩子任何其他時間都多得多。他們幫我加滿油料，為我打下今天一切事業、人生的扎實基礎。我從中尋獲的意義，甚至比高爾夫競技取勝獲得的滿足還要更大。他們讓我拾回人生。

我再次分享這個故事，為的是提醒你，燃料（特別是我們從四號角落關係中汲取的燃料）來自人生許多不一樣的層面。四號角落的關係幫我們找到人生的目標，在生理、情緒、智慧與精神上影響我們。在大多數案例中，單憑一種關係不能滿足我們在所有這些層面的需求，不過有時它可以滿足其中最重要的一項需求。我們所以需要建立多種聯繫、為我們帶來各種活力，原因就在這裏。要使一個人成長，並且持續成長，確實得靠一群人群策群力。

每當企業層峰和其他領導者把注意焦點從工作移開，全力投入使命、宗旨與價值時，以領導教練身分與他們共事的我，往往能享有最迷人、收獲也最豐碩的經驗。一旦能夠鍥而不捨地持續投入，價值就像火箭燃料一樣，威力強大。太多企業訂定價值聲明，之後把它們掛在牆上，從此不再一顧。我喜歡的公司，是那些能與我一起訂定價值計畫，讓全員深度參與討論，並且付諸於行的公司。當一個團隊能夠不僅訂定、還能長期堅持一項價值聲明時，這些價值能為公司帶來巨大活力。在這類案例中，公司價值聲明不只是掛在牆上的點綴而已。它們成為活生生的行為與人際關係典範，它們帶來他人的力量，改變個人、團隊、部門、與組織。

## 早期預警跡象

如果你在飛機上，問題出現時儀表會向你示警。如果燃油即將耗盡，警告燈號會亮。如果飛行方向發生偏差，另一燈號會向你示警。油壓下降，警鐘會響。知道目前飛行位置與座機的狀況，是身為飛機駕駛員的關鍵要務。

你的手機情況也一樣，還記得嗎？它會向你顯示「訊號棒」。當失去連線時，它會告訴你，說它在搜尋。電池電力不足，需要充電，或「連線有限」時，它會向你示警。它會告訴你「安裝升級」。

裝設這些儀器與儀表板的用意，在於提醒你目前一些需要你注意的狀況，以免事態進一步惡化釀出亂子。這與「你在哪裏」這個問題的道理是一樣的。如果你不知道你在哪裏，包括你的情緒位置，和你與他人的關係，你可能有墜機之虞。所幸你可以觀察儀表板，及早發現問題。

一號角落的斷線狀態可以讓你暫時鬆一口氣，特別是當你置身壓力之下、事情進展不順時尤其如此。它可以讓你輕鬆撤出，但它也能欺騙你。不要誤解我的意思：特別對個性內向的人而言，孤獨本身可以是非常強有力的燃料。能夠怡然自得地獨處，是邁向情緒成熟與健康的一個重要步驟。但孤獨不是一號角落的與世隔絕。與世隔絕不能給你任何加油的機會，只會讓你暫時逃避現實。如果你為了避免衝突，為了不願與人親近而遁入一號角落，卻誤以為這是一種獨處，你會逐漸失去活力與衝勁。所以你得注意。但怎麼才能分辨其間差異？你如果獨處，是否仍然保有與他人那種毫不隱藏、誠懇、真切的四號角落關係，可以與他人討論你在獨處時想到的問題？如果仍然保有，你的獨處應該能為你帶來加油效果，幫你一個人靜下心來解決問題。但如果情況並非如此，你可能已經陷入一號角落的孤立，不過是美其名曰獨處罷了。

二號角落也有一些讓你警醒的標記。如果你的腦海中響起「你不夠好」的警鐘，讓你因為害怕遭到斥責、害怕讓他人不快、或害怕不能達到什麼標準，而開始畏首畏尾、裹足不前，你知道你的燃料即將耗盡。

渴望為自己找「樂子」（找一個三號角落）是另一種警訊。如果你發現自己沉迷於一種不道德或非法關係、讓人上癮的物質、或其他強迫式行為，你知道自己有失速之險，搞不好還會釀成墜機慘劇。無論什麼讓你開心的事，你若得瞞著你的伴侶、夥伴、家人或同事私下進行，不要相信它。如果一件事的本身不能讓你滿足，你為了稱心如意而必須永無止境地貪求更多，你很可能已經上了癮。此外，如果它不要求你真誠，它很可能也是假的。

當這些警鐘響起時，找尋四號角落。當你來到四號角落時，要坦然告知你在哪裏與你需要什麼。所有幸福圓滿都在這裏。

**【金句】**

◎我們都經歷過這檔事，我們都犯過這種錯，我們都曾經因為謀事不慎、見事不明、所託非人，結果付出慘痛代價。

◎與世隔絕並不能給你任何加油的機會，只會讓你暫時逃避現實。如果你為了避免衝突、為了不願與人親近而遁入一號角落，卻誤以為這是一種獨處，你會逐漸失去活力與衝勁。

◎二號角落也有一些讓你警醒的標記。如果你的腦海中響起「我不夠好」的警鐘，讓你因為害怕遭到斥責、害怕讓人不快，或害怕不能達到什麼標準而開始畏首畏尾、裏足不前，你知道你的燃料即將耗盡。

◎渴望為自己找「樂子」（三號角落），是另一種警訊。

◎當你來到四號角落時，要坦然告知你在哪裏、你需要什麼，如此來，所有幸福圓滿都在這裏。

# ・6・

# 自由與控制

傑克・尼可勞斯（Jack Nicklaus）是全世界最著名的高爾夫巨星。即使在他退隱許多年後，他的大獎賽勝利紀錄仍然無人能夠超越。十八個大獎賽冠軍：這樣輝煌的紀錄看來還會保持很長一段時間。如果你不打高爾夫，這個紀錄比一個人或一支球隊贏了十八次超級盃（Super Bowls，按：美式足球大賽）、世界盃足球大賽、重量級拳王賽、網球大滿貫（Grand Slams）等等還要更了不起。如果你對運動沒興趣，不妨稱它是高爾夫的奧斯卡，想一想凱瑟琳・赫本（Katherine Hepburn）的當年風采。

依照我的看法，尼可勞斯能締造這樣的紀錄，主要因為他有一項最重要的特質、能力：他有求勝的意志，能在該擊球的時候擊球，在該推桿的時候推桿。不只一名球評曾經指出，尼可勞斯每在推桿取勝時，那情況就像是運用意志力將球引入洞中一般。他似乎能憑藉無與倫比的自我控制能力取勝。他骨子裏有那種締造勝利的精髓。

在所有他的精采賽事中，最讓我難忘的是一九七二年在圓石灘（Pebble Beach）舉行的那場美國公開賽。在比賽進入第十七洞時，尼可勞斯碰上他所謂「怒吼狂風」。那一洞足有兩百一十八碼遠，當時他領先三桿，而在這種情況下，三桿優勢稍縱即逝。後來呢？他揮桿擊球。球撞到旗竿，落在離洞口幾英寸的地方。他擊出博蒂（Birdie，按：

低於標準桿一桿進洞），奪得又一場美國公開賽勝利（Google一下，你會忍不住觀賞好幾遍）。

尼可勞斯的職涯跨越那麼多年，取得那麼多勝利，為什麼我單單對這一場比賽念念不忘？

## 自我控制

整個故事是這樣的。

尼可勞斯事後描述在那歷史時刻發生了什麼。就在他開始上桿時，狂風大作，迫使他揮桿動作稍有偏差。他可以感覺到出了差錯。他該怎麼做？就在這場美國公開賽最重要一擊的半途，他調整了揮桿動作。揮著一般選手不敢用的一號鐵桿，頂著狂嘯海風，面對兩百多碼外的球洞，他在驚人龐大的壓力下出擊。他憑藉他對風力如何影響揮桿角度的充分了解做了調整。要記住：他這一揮，桿頭速度可是高達時速一百二十英里左右。但他就是能在揮桿半途進行調整，把球打到兩百一十八碼外、距洞口僅僅三英寸的地方。無論從運動、從神經學、或從魔術角度而言，這種自我控制能力已經到了我無法形容的高段。這就是尼可勞斯。這一切來自他的個性與養成。

當他失敗時，他的自我控制、自主、與責任意識更加突顯。近年來，每當有人問起他最引以為榮的比賽時，尼可勞斯沒有提到前述那段經典出擊，沒有提到任何特定一次擊球。但他提到一九六六年的英國公開賽。他回憶說，當時他站在十六洞發球區，對自己說，「好，傑克，我要打出三—四—四，我想，你如果能辦到就能贏得這場公開賽。」尼可勞斯後來果然擊出三—四—四，贏了這場比賽。能像他這樣，將自我控制、執行、與自主能力發揮得如此淋漓盡致的，又有幾人？幾年以後，他又一次與幾名領先選手來到十六洞發球區同一地點，他再次對自己說，「好，傑克，打出三—四—四，你就能又一次贏得這場公開賽。」不幸的是，這一次他的表現不理想……重點就在這裏：他在回顧這場敗績時說，「我只打出四—五—四，最後以一桿之差落敗。所以說，**我的命運操控在我自己手上……我沒有做到，於是落敗。**」這段話揭露了他所以偉大的祕密。他相信命運自主，相信成敗操之在我。

他是**自主意識**的忠實信徒，他相信「只有**傑克**能真正控制**傑克**與**傑克**的表現」。他不找藉口，不會說「在打十七洞時，風太大，把球吹偏了」或「有人在我上桿時大吼大叫，讓我分了心」。他不會說「我的家庭作業被狗吃了」。我們從他的話中聽到徹底的自主：「我沒有做好。」

**我從沒見過自認無法控制自己表現、情緒、方向、宗旨、決定、信念、選擇等等的偉大領導者**。偉大領導者不會怪罪他人，不會把責任推給外在因素。表現不佳的人喜歡怪罪他人，說他們的失敗是他人造成或逼迫的結果。

自我控制是人類表現的關鍵能力。想精益求精就得學會自我控制。如果你不想力爭上游，你不可能變得更好。你的表現全靠你自己，沒什麼話好說的。你是你唯一可以控制自己的東西。

這種理念在心理學世界有許多名目，包括「自我效能」（self-efficacy）、「主宰」（agency）與「控制源」（locus of control）等等。它是一種「人能控制自己」的概念。如果你手握一號鐵桿贏了美國高爾夫公開賽冠軍，你一定慶幸揮出這支鐵桿的是你，不是其他人。如果你**確實**知道它在你的手中，你的心靈與身體會進行調適，讓你揮出史上最偉大一擊，贏得美國公開賽。如果你不能掌控你的球桿，你只能不斷揮桿，然後揚起頭來觀望球飛向何方。那就祝福你好運吧。許多人就這樣度日，甚至就這樣度過一生。他們仰頭望天「看球飛到哪裏去」。商界、體壇、或人生勝利組知道球桿握在自己手裏，而且也只有自己能決定自己的命運（詳見拙作《為領導立界線：給在劇變時代持續學習的領袖》〔*Boundaries for Leaders: Results, Relationships, and Being Ridiculously in Charge*〕；按：繁體中文版由校園書房出版）。還有，別忘了希格教授認為心智是「規範者」（regulator），一旦擁有那種自控能力的心智，表現優異自然可期。

無論你是商界領導者、是小企業主、是父母、伴侶、甚或是醫院裏的病人，一旦認清一號鐵桿握在**你的**手裏，你就可以勇往直前，突破難關，更上一層樓。你可以百分百控制屬於**你的**關係，可以百分百控制**你的**生意，**你的**投入，**你的**子女的教養與紀律等等。

> 人的表現離不開「自我效能」（self-efficacy），你很顯然不能控制世界或其他人，但你總是可以控制自己。

不過，這本書談的不是自我控制。事實上，這**甚至不是**一本只談自我的書。這本書談的是「**他人的力量**」，談的是**他人**對你的人生表現、成就與幸福的影響。這似乎有些矛盾，對吧？我一方面說，你能完全掌握你自己的表現，另一方面卻又告訴你，他人也能影響你的表現。哪個才正確？是「自我控制」還是「他人的力量」？被弄迷糊了嗎？

答案是「是的」。我們都弄迷糊了。我們所以迷糊是因為在我們眼中，自我控制與我們個人的表現**完全仰賴我們自己，全靠我們的所作所為**。說它完全仰賴我們自己並沒有錯，但說它和其他人扯不上關係就錯了。事實真相是，雖說我們的自我控制與個人表現完全仰賴我們自己，但它的營養補給主要來自我們與他人的交往關係。是的，無論在過去與現在，這種與他人的交往關係都幫著我們建立自控能力。這就是表現的矛盾。

換一種說法，你是否認為你能掌控自己的人生，能掌控多少，部分得視你的人生旅途中最重要的人而定：那人是否支持你的自控**並且**要你為你自己的成敗負責。勝利者不僅認為他們能自控，而且還在日常行為中不斷運用這種自控，這些都是我們可以眼見的事實。他們有大得出奇的自主意識，但這種意識部分構築於關係之上，靠關係維護。而這又涉及四號角落問題。

誰會不希望自己也能像傑克．尼可勞斯（Jack Nicklaus）那樣、打破一切已知極限、創造佳績？這種自我控制的東西似乎非常有用。誰會不想要它？但自我控制來自何方？答案是：自我控制來自實踐、構築，以及在四號角落關係背景下的使用。

## 取得掌控

身為高爾夫運動員、心理學者和績效教練，我對傑克．尼可勞斯那種強烈的自我控制意識一直極感興趣。無論其他人在高爾夫球場上表現是好是壞，他只是一心一意注意他所能控制的部分：他自己的表現。我常想他的求勝意志真是了不起。它從哪裏來的？不久前，我找到另一線索。

我身在旅次，夜間在酒店住房轉著電視頻道，無意間看到傑克．尼可勞斯接受訪問的一個節目。傑克在節目中回顧童年生活，談到父親查理．尼可勞斯（Charlie Nicklaus）對他的人生與他的高爾夫職涯的影響。他說，父親非常投入俄亥俄州體育活動，對他的高爾夫球成績尤其關心。傑克談到父親在他人生扮演的角色，言談之間顯示他一直就在四號角落關係中構築、運用他的自我控制。

傑克談到十幾歲那年在美國業餘球會（U.S. Amateur）比賽時的一段往事。在經過一輪賽事後，父親或許對他在比賽過程中的一個選擇有不同意見，向他提出質疑，問他為什麼選用某個球桿打某一球。傑克當時雙眼看著父親說，「老爸……這是我的比賽。」

**這是我的比賽**。這簡單幾個字將自我效能與自主意識強調得淋漓盡致。傑克面對人生中與自己最親近的人，表明自我意識與自己能控制的東西（見大衛．巴瑞〔David Barrett〕《與父親打高爾夫》〔暫譯，*Golfing with Dad*, Skyhorse, 2011〕）。我在見到這段告白後，一切都明白了。傑克的自我控制意識溢於言表，「（老爸，）這是『我的比賽』」，他能當著最支持他的人的面，毫不拐彎抹角說出這句話。他知道這是他的比賽，知道唯有自己能為自己做選擇，我沒有見過自我控制意識這麼強的人，或許今後很長一段時間也不會再見到這樣的人。就像我前文所說：「一號鐵桿是握在我的手中」。

傑克的這句答覆讓我們看到兩件事：首先，傑克能當著最支持他的人的面直接表達他的自主意識。其次，他的父親尊重傑克這種自我控制意識。這種組合是四號角落關係最強有力的因子，你不僅享有自我控制，而且你的夥伴即使對你的選擇不表贊同，仍然支持與尊重你的選擇。這種組合讓人在他人支持下奮發進取，創下最好的成績。

心理健康能提升我們的表現，而心理健康的特徵，包括自我控制、自我效能、與主宰等等，都得仰賴人際關係才能成長、茁壯。你的成就高低，部分取決於四號角落的夥伴，他會鼓舞你的自我控制意識，而不會壓抑、削弱它們。自我控制透過其他人提供的下幾種功能構築而成：

- 支持（support）
- 成長（growth）
- 尊重（respect）
- 當責（accountability）

我們且來觀察一下這些功能的運作方式。先從尼可勞斯談起。他人（他父親）的力量如何幫他構築他自己的力量？

我在第一章曾說，人的表現需要關係提供燃料補給。但推進引擎不是火箭。支持不是表現。它是必要條件，但不是充分條件。到頭來，必須揮桿出擊的是傑克，是你。

當然，尼可勞斯所以能有如此成就，個性與遺傳是一部分原因，但我們從研究、也從他自己的說法中得知，他所以能有如此強烈的自主心與責任感，他與父親查理的關係也是重要原因。當傑克說「老爸，這是我的比賽」這句話，出自父子兩人的四號角落關係。在這種關係中，父親是他的燃料與他的支撐。但父親同時也尊重傑克的自主與自控意識。從傑克打青少年高爾夫起，一直到他進入職業球壇，查理．尼可勞斯一直支撐著他。查理鼓勵他，為他請教練，為他提供意見、紀律等等。但查理也給了他一樣巨大的東西：就是所有四號角落關係都會為我們帶來的自主與責任。自始至終，這種支撐與自主間的平衡一直都在那裏。我可以以心理學者的身分告訴你，就因為有了這種平衡，傑克才能擁有那種自控，才能揮出一號鐵桿、創下輝煌戰績。

舉例來說，傑克有一次面臨一項抉擇：是像鮑比．瓊斯（Bobby Jones；按：美國最有名的業餘高爾夫球員，也是一位專業律師）一樣，繼續當個業餘高球選手，還是轉入職業界。在《與父親打高爾夫》書中第一百零七頁，他談到父親在這項抉擇過程中扮演的角色：「從我們的討論中可以明顯看出，父親主張我繼續打業餘高爾夫，但他只是提出他的看法，並不給我任何壓力，而且每在討論結束時，他還會提醒我，要我必須為自己的決定負責。」

當你決定「走自己的路」，走上與支持你的人寄望的不同的途徑時，四號角落關係也面對真正考驗。傑克在衡量各種因素後，決定不採取父親的建議，轉入職業高爾夫發展。他沒有成為第二個鮑比．瓊斯，但他成為高爾夫競技史上最偉大的球星。傑克說他父親「總是默默為他打氣」。多少才俊之士希望能碰上「默默打氣」的老闆、父母、同事、伴侶或友人？希望有人給他們自由與支持，就算他們決定「走自己的路」也不因此縮手？這樣的支持比黃金更加珍貴。

尼可勞斯儘管享有如此支持與自由，但他說，他的父親查理絕不是橡皮圖章。查理有自己強烈的觀點與主見，對傑克的一切所作所為也並非照單全收。傑克回憶說，「他相信我，支持我做的事，而且無論我需要打氣，還是需要有人從後面給我一腳，他都等在那裏。」在必要時，查理也會與傑克針鋒相對。查理會告訴傑克事實真相，但不會違反基本自主意識，因為我們都需要這種意識才能充分發揮潛能。查理會向他提供建議，但同時也尊重傑克的選擇自由。「他很少不請自來、對我的高爾夫賽事表示意見，但如果我問他，他總是有求必應。」（《與父親打高爾夫》頁一〇八）。這真是一種了不起的平衡，以我的專業看法來說，這真是一種了不起的腦力構築過程。傑克與查理．尼可勞斯父子間的這種關係，是四號角落關係的最佳詮釋。

問題：

你身邊有沒有這樣的人？這人一方面支持你、給你意見，同時又能保護你的自由與自控？或許是時候了，你該找你的老闆、友人、家人、董事會或什麼人談一談。再怎麼說，如果不能自我控制、沒有選擇與表現的自由，所謂「授權」、讓部屬充分發揮又有什麼意義？但領導者往往認為所謂「授權」，就是讓員工聽命行事的最快捷徑。他們忘了，授權不僅要讓部屬有選擇自由，一旦情勢逆轉、怨聲出現時，領導者還必須支持部屬。對任何領導者、對大多數關係而言，如何將支持、真自由、授權與選擇融為一體，都是一項艱鉅的挑戰。

一位不時與董事會意見衝突的執行長，不久前與我討論了這種矛盾。董事會最有權勢的一位董事原本一直是這位執行長的堅強後盾，直到這位執行長想做一件這位董事不贊同的事，情勢改觀了。如果問題事關政策、治理、或道德倫理，董事很顯然應該運用主控權。因為歸根究柢，控制公司的是董事會。但公司日常業務是執行長的事，董事會成員應該支持執行長。董事如有必要，可以對執行長表示異議，甚至可以設法說服執行長重新考慮立場，但無論如何，董事須要認清這種事應由執行長做主。他可以明確指出，他與董事會其他成員不會掣肘，但事情成敗完全由執行長負責。

這樣的事有時很複雜，有時很難弄清楚哪些事由誰該管，哪些事由另一人該管。但選擇你的四號角落關係之所以如此重要，這也是一個原因。面對這類責任歸屬議題，最好的四號角落關係能夠不出惡言（例如「你若不同意我，我就不支持你」），促成建設性對話。四號角落關係總能想出解決之道，當事情進展似乎出現差錯時，不會有人立即跑來，奪走你手中的一號鐵桿。

## 油料與自由間的平衡

支持他人，但仍然讓他人保有自主，能造就無限潛能。那是邁向偉大之道。不妨想想，這種平衡對你的人生層層面面可能造成的影響：

如果你的董事會、你的老闆、你的團隊、與你的投資人了解這種平衡，這種平衡對於身為領導者的你有什麼意義？如果他們竭盡全力支持你，同時又想盡辦法讓你自主、讓你充分發揮，情況會怎麼樣？如果他們給你充分授權，讓你自由行事，讓你控有你需要控有的東西，情況會怎麼樣？如果當你做了你認為最好、也願意對其成敗負責的選擇，而你的選擇與他們寄望的不一樣，但他們仍然不改初衷地支持你，如果他們沒有因此設法干預、或對你指指點點，情況會怎麼樣？如果授權真的是授權，一號鐵桿既然握在你手裏，就由你做主，情況會怎麼樣？

如果每一家公司都能自認與它的產業、甚至與它的顧客保有一種四號角落關係，對於身為企業主的你有什麼意義？如果你的公司問道，「我該怎麼做才能一方面為那些親近的業務夥伴加油打氣，同時還能確使他們享有發揮潛能所需的自控與自主？」我曾經見證這種關係強大的威力。它能使公司業績，能使士氣、活力、與企業精神衝高破表。麗池（Ritz Carlton）飯店創辦人霍爾・舒茲（Horst Schultze）就說，只要金額不超過兩千美元，他的員工有權為了滿足顧客而解決任何問題，不需要向任何人請示。麗池卡登支持員工作出幫助顧客的選擇，不需要經過上級批准。

如果伴侶都能彼此相互依持、絲毫沒有遭受威脅或遺棄的感覺，對於身為對方另一半的你有什麼意義？如果伴侶都能應對方之請提供建議，即使對方不贊同，也不改支持對方的初衷，情況將如何？如果伴侶都能尊重對方不同的行事方式、不同的喜好（不過怎麼將髒碗碟裝入洗碗機除外，這世上只有一種正確裝法！），不但不因此衝突、不因此相互傷害對方感情，還因此更加關懷、恩愛，情況又將如何？

如果能這樣，對一個家庭來說有什麼意義……？哦，談到家庭，不得不談一個問題。有件事始終讓我感歎不已：就算是表現最傑出的人，他們的人生也不得不經由若干方式受控於血親和姻親關係。我但願這世上有一種算法，能算出我們為了必須不斷應付家人的干預與掣肘，而在事業、職涯、婚姻、子女教養風格、人生選項等等上付出了多少代價。有些極具才幹的人因此束手縛腳、無法施展。在這種情勢下，家族就算提供食物給養，收取的租金也過於昂貴。如果能不像這樣呢？

如果你最親密的友人就像傑克的父親查理一樣，或就像助我度過大學時代那段艱辛歲月的一群友人那樣，你認為朋友的意義是什麼？如果他們像傑克的父親一樣，為你提供燃油補給，支持你，給你必要幫助、建議與資源，為你打氣，同時幫你學習負責，學習為自己的選擇做主，情況會怎麼樣？如果他們給你坦誠的回饋與意見，但讓你平心靜氣做你自己的抉擇，情況又將如何？

這一切聽起來很了不起，是嗎？不過要記住，四號角落支持者並非「不管三七二十一的支持」。他們支持你的選擇，但同時也要你為你的選擇負責。顯然，如果你的作為破壞力太強甚至非法，他們的支持也會愈來愈有限，愈來愈嚴厲。吸毒上癮的人彼此也會給予對方自由，但不會要對方為造成的毀滅負責。那不是四號角落的支持。那不能幫你達成人生突破。四號角落要人為自己的行為負責。下一章，我們就來討論四號角落如何養成責任感。

【金句】

◎當他失敗時，更加突顯他的自我控制、自主與責任意識。

◎「我的命運操控在我自己手上……我沒有做到，於是落敗。」相信命運自主，相信成敗操之在我。

◎無論你是商界領導者、是小企業主、是父母、伴侶，或是醫院裏的病人，一旦認清一號鐵桿握在你自己手裏，你就可以勇往直前，突破難關，更上一層樓。

# · 7 ·

# 自由有應盡的責任

家父很了不起。我非常非常愛他。他是我的恩師、教練，是我各方面的燃油供應者與支持者。談到責任與當責，他也絕對不馬虎。我不敢說他為什麼會養成這種個性：是因為他在七歲那年喪父，必須一切依靠自己？還是說這是因為他在二戰期間在歐洲戰場擔任四年士官長，是軍事訓練與軍旅生涯造成的結果？他會支持一個人，但同時態度也非常強硬。曾經在歐洲跟他共事的一名戰友，跟我說過一個父親教訓士兵的故事。那個士兵犯了錯，家父罰他半夜三更起床挖散兵坑——六英尺長、六英尺寬、六英尺（按：長寬高均約一八〇公分）高。冒著刺骨寒風在半夜挖這樣的坑，可是一點也不好玩。那位戰友覺得那名士兵很可憐，於是偷偷起床幫他挖坑，被家父發現。於是，家父對那名戰友說，「很好，你既然這麼喜歡挖坑，就替你自己在那邊上也挖一個吧！」真慘……但那就是家父。

就我記憶所及，家父總是對我說，如果我想唸大學，我就可以唸大學。當年家父無法進大學，因為他中學還沒畢業就被迫休學養家、照顧許多弟妹。他鼓勵我進大學，但隨著支持而來的，還有明確的責任。他對我說，「兒子，不要擔心大學。學費的事我已經打理好了。那是我分內的事。但你分內的事就是努力讀書，以便入學，我不能幫你讀。不過一旦你進了大學，我的責任已了，接下來你得靠你自己。」他會面露笑容，補上一句，「如果你願意，可以過來吃個三明治，不過別指望我會給你準備什麼大餐。」他的話說得很清楚。支持與責任。他會支持我直到我進大學，但之後我得為我自己的人生負責。他會給我他的支持與我的自由，但我得為我的選擇負責。

這種責任一度讓我極力逃避，當時我需要的是幫助（很大的幫助）而不是責任，我永遠不會忘記那次事件。

那是我大一那年夏天，我在密西西比家裏度暑假。當時，我的女友在德州上暑期班。我與她的交往很認真，她的家人邀我前往德州，與他們在南德州她家的牧場共度一星期。我得在奧斯汀（Austin）接她，然後從奧斯汀開車前往南德州牧場。

我所以得在奧斯汀接她，是因為她父親是德州州長，那年夏天她住在州長官邸。在與她交往的那一年間，我從沒想過她父親是州長那件事。我喜歡她，只因為她聰明風趣，而且非常平易近人。你絕不會想到她來自「德州皇家」，但她確實是州長千金。現在我得面見她的家人了。對於來自密西西比州、當時十九歲的我而言，這是一件非同小可的大事。我心裏不斷打鼓，但我硬著頭皮接受了邀請，開車到奧斯汀接她。

我到了奧斯汀，她說她要帶一堆私人東西前往牧場，但我開來的那輛二人座車子太小，因此我們開了她父親的車。我自告奮勇當司機，展開南德州之旅。我把車駛出州長官邸，轉了一個方向。沒多久又轉了一個方向。事情發生了。

我沒有依法轉向，把車子開進逆向車道，被迎面而來的一輛大卡車撞個正著。那可不是小小擦撞，是一件大車禍。我與州長女兒都沒事，但車子毀了。但在那一刻，我絲毫沒有因為我們安然無恙而感到慶幸。當時我只想到這下可好，就在即將第一次面見德州州長的這一刻，我毀了他的車：「嗨，你好，我是你女兒的男朋友，我剛剛毀了你的車。」別說感到慶幸，我甚至希望自己受傷，博取一些同情。至少如果我拄著拐杖，州長見到我大概也會放我一馬。

在與警察打完交道（警察問我，「這是誰的車？」事後想起來，這經歷本身也很有意思）後，我憂心忡忡，不知下一步應該怎麼做。**我弄壞了州長的車，現在該怎麼辦？**我應該打電話給誰的保險公司？誰來付款？由誰負責？在那一刻，我腦海中不斷浮現華倫·齊逢（Warren Zevon）那首老歌：「為我送律師、槍還有錢來。老爸，救我」。**對了，父親一定知道我該怎麼做**，於是我打電話回家。

父親接了電話，我把事情經過告訴他。他第一個反應就是問我們兩人有沒受傷，我告訴他，我們兩人受了些驚嚇，但都沒受傷。感覺中，電話那一頭的父親沉默了好一陣子才終於又開了口。「兒子，我得先把事情弄清楚。你開車赴約，第一次面見你女友的父親，對嗎？」

「是這樣。沒錯，」我說。

「而你把他的車毀了。」

「沒錯。」

「現在你要去他家做客，停留一周。」

「沒錯。」

「而他是德州州長。」

「沒錯。」

「而你在見到你女友這位當州長的父親時，第一個要說的就是你把他的車毀了。」

「沒錯。老爸，我該怎麼做？應該打電話給我們的車險公司嗎？還是給她的車險公司？那不是我的車。我不知道應該怎麼辦，應該怎麼處理。我該怎麼做才好？」

又是一陣沉默。然後父親開了口：「兒子……我把我知道的告訴你。你既然年齡已經大到能夠闖下這樣的禍，你就應該可以自己想辦法脫身。不過幫我一個忙。忙完以後打電話告訴我，你是怎麼脫身的。我等不及想知道呢！」說完他掛了電話。

在那一刻，如果要我寫一本關於責任的書，雖說我一定不知應該寫些什麼，但我非常清楚那種感覺。我，而且只有我，必須為我做的事負責。禍是我闖下的。我得向我的女友負責。**我得坦然面對她的州長父親。**我得找我的保險公司處理這個爛攤子。

與父親的這段對話，就像查理．尼可勞斯對兒子傑克．尼可勞斯說，「兒子，這不是我的比賽；是你的比賽」一樣。四號角落自由的另一面是責任。四號角落關係不僅給我們自由，還要我們經由負起責任才能取用並且擁有這種自由。

## 掣肘：負起你的責任

我曾聽前美國國務卿柯林．鮑威爾（Colin Powell）在一次領導論壇中談到一件往事，頗能在自由、自主、與責任間的平衡議題上發人深省。當鮑威爾還是雷根（Ronald

W. Reagan）總統的國家安全顧問時，他的工作是在橢圓形辦公室見總統，向總統報告世界各地出了什麼讓他擔心的亂子。鮑威爾說，有一次他在向雷根做這些報告時，發現雷根一直望著窗外的院子。隔了一陣，雷根對他說，「嘿，看啦，牠們來吃了！」

**什麼？雷根總統說什麼？**鮑威爾一頭霧水，也轉頭望向窗外。原來當他向總統報告世界大事時，總統卻聚精會神，看著松鼠找到了那天早上他為牠們撒在院子裏的堅果。鮑威爾說，雷根總統這項反應主要向他表達一個訊息：「**那是你的問題。**」

四號角落關係並不能讓我們迴避艱難的決定，也無法讓我們可以不負責任。舉例來說，在職場上，當你的部屬在第一次獨當一面時犯了錯、惹毛一些團隊成員時，你不要出面替對方解套，但你可以鼓勵經驗不足的當事人調整行事風格、找出解決辦法。

在處理毒癮問題時，四號角落關係不要你強迫一個人戒毒。但它主張你向對方說明真相，讓對方明白如果繼續走這條自毀前程的不歸路，後果必須自行負責。四號角落關係發出的訊息是，「我不能把你從你自己造成的困境中拉出來，但我可以要你為它們負責。」

當然，領導者不能完全放任不管。一些大公司的執行長、董事或高階主管就因為完全放任手下、沒有盡到自己的責任而惹出亂子，安隆（Enron）、福斯汽車（VW）、英國石油（BP）等等都是這類例子。很顯然，鼓勵他人自主、當責，並不表示可以就此免去自己的責任。

你得找出平衡點，授權一個人負責，不加干預或掣肘。這是領導學一種非常重要的槓桿，要一個人負起應負的責任，成敗唯這個人是問。在蘋果（Apple），這樣的人稱為「直接負責人」（directly responsible individual，DRI）。如果一個產品的行銷出問題，老闆找的就是直接負責人，因為這是由直接負責人管理的。

我最近與一位且稱她為梅莉莎的領導者晤談。梅莉莎非常喜歡自由投稿設計師（且稱她為蘿賓）為她的公司製做的作品。蘿賓已經成了這家公司的重要台柱，成了梅莉莎的好友；她的作品非常有創意，她也非常有幹勁。但她有一個問題：蘿賓是拖稿天后，而且交稿往往延誤很久。這讓梅莉莎與她的團隊非常苦惱，因為蘿賓稿迫使他們為了趕進度而忙得人仰馬翻。梅莉莎於是決定改變與蘿賓的關係。梅莉莎承認，儘管很喜歡蘿賓的作品，「但她沒有時間觀念，每到截稿日總是交不出作品，這一點讓我無法接受。我們公司需要的是像客戶一樣重視時間、進度的設計師。所以我必須告訴她，就創意面而言，我想用她的作品，但就執行面而言，我必須與她解約。她沒有按時交出作品。我得請她走路。」

我原本就很看重梅莉莎，經過這次事件，我對她的評價更高。她珍惜與蘿賓的關係，這種關係就某一方面而言也對她的公司很重要。但她無法容忍蘿賓拖稿。梅莉莎必須坦然面對蘿賓說明這件事。她照做了。這話很難啟齒。但是，蘿賓並沒有為自己一再拖稿而卸責。蘿賓說，自己總喜歡面面俱到，這使自己同意不切實際的交稿限期。她為自己承諾太多、實現太少而感到非常抱歉。她也坦承，如果按照現有模式繼續下去，她大概還是不能做得更好，還是不能負起責任，做到公司對她的期望。

這就是我所謂的四號角落關係。梅莉莎要蘿賓為自己造成的後果負責，而兩人也能以一種為彼此著想的精神坦然交換意見。蘿賓知道這是自己做錯了，沒有為自己辯解，也沒有因此記恨。

這件事情後來怎麼了？蘿賓的自控力增加了。她沒有為自己未能盡責一事辯護，也因為坦然承認這個事實，她比過去更能自控。下一次在面對類似情勢時，她能憑藉較大的自我認知能力，覺察自己會不會又像過去一樣輕言許諾。她會評估情勢，自問：「如果答應接下這案子，我是否做得到？」由於她與梅莉莎的四號角落關係，以及這種關係提供的回饋，現在的蘿賓比過去更能自主，更能為自己的行為負責。她如果不喜歡自己某個行為造成的後果，也比過去更有選擇去改變這個行為。這就是自控。

試想一下這個劇情原本可能出現的其他發展。假設梅莉莎只是對蘿賓不痛不癢說了幾句，就不再追究，會像什麼樣子？儘管一再延誤交稿期限的問題仍然無法解決，兩人間的感情很可能已經受傷。由於沒有四號角落那種回饋，那種直接、坦誠、關懷的忠告，兩人都無法獲利，學習與成長機會也不會出現。以這種方式避重就輕解決問題（其實根本不能解決問題）的例子多得不勝枚舉。它們不斷出現在職場、家庭、與友誼中，最後造成關係惡化，造成埋怨、誤解，最糟的是，它們不能為交往雙方帶來任何學習、成長、認清潛能的機會。（見本書第十一章「致人於死的關係三角」。）

## 當責與期許

談到表現、業績，我們最經常聽到的形容詞就是「當責」（accountable）。大多數人提到「當責」，意思就是追究責任，要某人為一個結果、選項、行為或類似事物與後果負責。

我們最經常見到的問題是，有關「當責」的談話總是出現在憤怒、羞辱的負面情緒氛圍中。我們常聽到「你怎麼會做出這樣的事？」與「你怎麼會讓這樣的事發生？」（這類言語其實是表述，不是問話。它們的意思其實是「你好傻！」）往往意味對一個人的厲聲指斥，而我們也知道它能帶來什麼：只會造成離心，不能帶來學習。

在四號角落關係中，「當責」不是這樣。我們在這一章討論的責任不是那種懲罰、羞辱或憤怒的追究責任，究責通常只能達到一個目標：讓不滿的一方有機會發洩怒氣，或撫平一下激動的情緒。

四號角落關係的「當責」，是一種在三個層面上都要發揮最高成效的承諾：一、對兩造或所有相關人等；二、關係；三、成果。這種「當責」有幾大因子，能防止它演成一種羞辱，把它推上力爭上游的康莊大道：一是期許很明確，有關各造對於期許的內容都有充分溝通，也都表示同意。二是這些期許的時機早而且持續。在做成或不做成任何實質事物以前，每個人都已經知道期許內容，而且都在工作進程中不斷進行查核。最糟的是，莫過於當有人發現你出了問題時，你卻甚至連自己該負什麼責任都不知道。

良好的四號角落關係能防阻大多數意外，從而增加責任意識。它們可以避免「你怎麼會做出這樣的事？」與「我怎麼可能知道？」好關係靠的是開誠布公，讓彼此互相了解對方期望，讓期望獲得充分認知。之後有關各方不斷檢驗這些期望，一旦重大事故發生，才能及早考慮對策以解決問題。飛行員在駕機飛行時會為飛行計畫訂一個巡航高度，然後不斷檢查高度表，以免出現太晚察覺而無法解決的意外。基於同理，有關婚姻幸福的研究顯示，經常做這種「檢驗」（有時一天檢驗好幾次）的夫婦，婚姻生活比較美滿。管理團隊與直屬長官和部屬同樣需要經常這樣「檢驗」：就算可能很繁瑣或帶來不便，但為的是要了解現狀。

另一方面，不要糾纏不放。丹．希克（Dan Hicks）唱了一首西部鄉村歌曲，歌中問道，「如果妳整天纏著我，教我怎麼想念妳？」無論在什麼關係，凡事都想操控只會使我們整個情緒、關係與生理系統高喊「不要纏我！」無論是個人交往或業務關係，所有相關各方都必須拿捏適當的平衡，要透過適度溝通保持相互聯繫，但也要避免讓人感到窒息的糾纏。

四號角落要求彼此都能清楚了解對方期望，然後根據這些期望行事，並且保持必要聯繫。有了明確的認知、持續的檢驗與不斷的調整，才能真正使我們表現得更好。

## 對抗與回饋

管理大師肯・布蘭查（Ken Blanchard）曾說，「回饋是冠軍們的早餐。」至少在若干層面上，我們都知道回饋很重要。但在現實生活中，特別是如果我們置身在一號、二號、或三號角落時，想給予或接受回饋尤其困難。一號角落根本沒有回饋。在二號角落，回饋讓你感到難堪。三號角落的回饋不實，大多是諂媚之詞。了解回饋能幫你進入四號角落。

首先，有關回饋的研究告訴我們，它對表現的好壞至關重要。沒了回饋，你很難再創佳績，想超越現有極限就更加難上加難了。想做得更好，你必須先知道自己做得究竟如何。我很贊同米哈里・契克森米哈伊（Mihaly Csikszentmihalyi）在《心流》（*Flow: The Psychology of Optimal Experience*；按：繁體中文版由行路出版）書中指出，一旦有了立即回饋，最好的表現區隨之出現。以攀岩者為例，就很懂這個道理。攀岩的人很快就能知道他們做的方法對不對（或許太快了！做得對，你可以繼續攀在岩上。做得不對，你會摔下來），希望別摔得太深。

**我們的腦需要知道我們做的方法對不對，進而調校以做得更好**。如果你偏向一邊倒，你的內耳會告訴你，要你糾正。它向你提供回饋。如果你從山坡上失足摔落，那種墜落感會告訴你，要你立刻採取行動，伸手抓住什麼東西，穩住自己的身體。你的整個系統都會想辦法修正。你不會等到眼見攀岩者摔落山崖之後，才向那人提供回饋。你會在發現情況有異時立即提供回饋，讓那攀岩者來得及調整做法。你也不會等到腳下踏空以後才要旁人向你提供回饋。

其次，若要讓回饋有效，它……嗯，它**必須有效**。四號角落關係在這方面也與所有其他關係不同。如本章有關責任的前文所述，一旦置身四號角落，你首先會知道，無論為你提供回饋的是誰，那是**為**你好。提供回饋的人**站在你這邊**，這位戰友要你取勝，希望你做得好。當醫生要我服用某種藥物時，我相信她是想醫好我的病，不是想害我，或想向我收費，她與我一樣都希望我健康，她是**為**我好。

這似乎很不錯，對吧？不幸的是，許多所謂回饋根本沒有出現，或雖然出現，但出現的形式讓我們無法處理。如果我們置身一號角落，與人群隔離，在情緒上也與任何他人無關，我們當然得不到什麼他人為我們提供的回饋。事實上，置身一號角落的我們，大部分時間與回饋完全絕緣。我們以各種方式躲在保護盾後，切斷與他人的聯繫，不讓他人親近、不讓他們真正看清我們的狀況；我們不鼓勵他人有話直說。我們在與他人溝通的過程中疑神疑鬼、步步設防，讓他人不願、不敢坦然回覆、向我們伸出援手。我們離群索居，藏身深溝高壘之中。

如果我們日日夜夜只是困在二號角落裏，無論聽到什麼回饋，都只會讓我們難過。就在今天（時機還真巧，不是嗎？）我才與一位員工有過一段懇談。我從另一人口中得知，這位員工表示她與我相處得很痛苦。她告訴那另一人，「我覺得他是在氣頭上，想找我出氣，對我大吼大叫。我已經受夠了，只想做我分內工作，躲開他就好。」

哦，這可不是好消息。無論對她、對我與她的同事、對我們的公司都不好，特別對一個寫書討論如何避免這種事的作者而言，這消息簡直壞透了。我非常驚訝，有些懊喪，也有些困惑。

於是我打電話給她，說想和她談談。我告訴她，我從另一人口中得知她說了一些話，我想知道她為什麼會有那種感覺。我問她，「我做了些什麼，讓你覺得我在找妳出氣？」

她一開始有些支支吾吾，或許我這樣開門見山式的提出問題讓她感到意外。我向她保證她有話可以直說，不會因此得罪我，還說讓她有那種感覺使我很難過。我真的很想知道這究竟是怎麼回事。她於是對我說了。

儘管我覺得自己並沒有對她大吼大叫，也並沒有故意找她麻煩，但那已經無關緊要，讓她有那種感覺真的讓我很難過。我告訴她，我了解自己做了一些讓她有那種感覺的事，並請她原諒。不過她的生氣也並非全無道理。我雖說並沒有對她吼叫，但確實也因為她沒有完成一項交辦任務，而我用不是很得體的方式念了她幾句，所以我向她道歉。她說能跟我這樣談談很好，我們也因此來到一個好地方。這地方就是四號角落：一處互信、坦誠與負責的地方。現在的她，既已離開二號角落，將心靈受傷與自卑的情緒拋在腦後，觀察事物的眼光也與過去不一樣了，我也有同感。

但別忘了，我承認自己不該對她碎碎念只是這次與她談話的部分內容而已。我仍然需要讓她知道我為什麼對她的表現不滿。那是四號角落關係的第二部分。只是噓寒問暖、說些讓彼此開心的話於事無補，對話中必須納入具有建設性而且實事求是的回饋。我當然希望她不再難過。但無論用言語怎麼粉飾，我對她的表現仍然不滿。所以在我們回到四號角落以後，我問，「我們能不能想個好辦法，我可以一方面讓妳知道我不同意妳的做法，同時還不至於傷了我們的感情？我一點也不想讓妳覺得我是在找你麻煩。但同時我也需要覺得我可以毫不隱瞞地告訴妳，怎麼做才能做得更好。我們來談談有什麼好辦法。」

我們談得非常投機，現在我們已經來到不同的地方。我們從這件事學得兩個教訓。首先，我**必須**告訴她，她原本不是我希望的那種四號角落的人：既然加入我的團隊，如果出了差錯就應該直接來找我。我要她知道，如果我做了什麼讓她不快的事，**我請她直接找我並且當面告訴我**（見第十一章「致人於死的關係三角」。）如果彼此不能直接對話，我們會偏離四號角落，淪入一種斷了線、壓抑或膚淺的關係。她承認她當時應該直接找我談，但她沒有這麼做。她保證下次再發生類似狀況，她會直接找我。

但是，我不能就這樣結束這次談話，完全不提那個讓我困擾的表現。如果我對這事避而不談，她始終達不到我們要求的表現標準。我要她做得更好。如果我們要真正置身四號角落，我必須對她實話實說，必須知道她了解我的用意。我不想讓她覺得我在找她麻煩，讓她不好過，但我不能因為怕傷害她而不敢對她表明我的要求。我要她做出成績來，如果她做不出成績，我得告訴她，要她糾正錯誤並且解決問題。四號角落關係的人彼此關懷、坦誠以對，而且能解決問題。

四號角落要求做到所有三件事：**關懷、坦誠與成果**。因為相互關懷，我們在說話時會注意不要傷害對方，因為坦誠我們可以有話直說、開誠布公，我們全心全意改善行為，締造更好的成績。別忘了這三個當責層面：個人、關係與成果。

工作、婚姻、友誼、團隊、文化、健康與人生等等，也都需要顧全所有這三個層面。我們必須敞開心胸，勇於接受回饋、聽取回饋，以提升自控能力，創造好成績。如果你不能擁抱回饋以了解自己現狀，你不可能自我提升進入更高層次。主管教練馬歇·葛史密斯（Marshall Goldsmith）在他的著作《UP學》（*What Got You Here Won't Get You There*；按：繁體中文版由李茲文化出版）中，將這道理說得很清楚。你必須敞開胸懷、接受回饋，知道如何運用回饋，才能**更上一層樓**。不僅如此，只有在他人告訴你真相、而且你真正**接受**回饋時，你才能再創佳績。如果我們不知道自己需要改善，我們不可能改善。

一號角落根本沒有回饋。二號角落由於對方總有一種於事無補、或不可能達到的標準，雖說有回饋，但這回饋欠缺關懷，而且很可能也不正確。在三號角落，你只會聽到過於親熱的諂媚與奉承。只有四號角落能為你帶來實際可行、確實有用的資訊，為你提供關愛與現實。一旦來到四號角落，它能幫我們提升自控能力，讓我們知道我們**能夠**做得更好。我們**可以**控制成果。

我們且對讓四號角落回饋有用的幾個因素做進一步觀察。

## 腦與回饋

是否曾經有人以幫你做好一件事為名，對你大吼大叫或厲聲斥責？還記得你當時的感覺嗎？你當然記得：那感覺簡直糟透了，羞辱、害怕、焦慮、哀傷、憤怒、想把自己關在房裏等等。在那一刻，最令你印象深刻的是什麼？是回饋本身還是回饋給你的感覺？是對方還是你自己？很顯然，當時令你印象最深刻的，不是回饋的**內容**，而是你那糟糕透頂的**感覺**。真正重要的議題不再是你關注的焦點。

這是有道理的。我們在情緒激動時，腦內主管情緒、行動的杏仁體（amygdala）會釋出化學物，干預我們的學習。任何類型的威脅都能引發這種戰或逃（fight-or-flight）反應。這種反應的重點與學習完全無關，它的目的只在於自我保護。青少年在遭到斥責時，臉上流露出那種「失神」的表情，原因就在這裏。當我們情緒激動時，腎上腺素衝入我們腦際，讓我們焦慮，在我們腦海造成貨真價實的一片空白。一旦處於「戰鬥或逃跑」模式，我們無法吸收回饋、提升我們的自控與學習。為了學習與成長，我們必須擁抱回饋。我在拙作《職場軟實力》（*Integrity: The Courage to Meet the Demands of Reality*, 繁中版由校園書房出版）中，談到領導者「擁抱負面現實」的重要性，這一點非常重要。但不妨想一想：一個人對你大吼大叫，另一個人對你笑臉相迎，你願意擁抱**誰**呢？

研究結果顯示，當每接獲一個負面訊息就能接獲五個正面回饋時，我們的腦反應最佳。根據商務研究，最佳比率事實上是六比一。表現最好的人接獲的正面對負面回饋比是幾近六比一，表現最差的人的正、負面回饋比是幾乎相反的一比三。表現最好的人每聽到一個負面回饋會聽到六個正面回饋，表現最差的人聽到的負面回饋比正面回饋多出三倍有餘。我們當然需要負面回饋（有了它們我們才知道怎麼做才能做得更好），但比率與口氣要對，讓我們的腦可以接受。

以運動比賽為例，說明這種平衡的作用。像傑克·尼可勞斯（Jack Nicklaus）這樣的頂尖高爾夫球巨星，在揮桿時需要手臂肌肉回饋。一旦揮桿方式有誤，這些回饋不應該讓他「自我感覺良好」。但如果每當他以某種方式揮桿，**手臂就會一陣劇痛**，他會怎麼做？不需要多久，他可能不知不覺間開始避免這種姿勢，每在不小心用上這種姿勢時還會畏縮。他的表現愈來愈差。他會不敢行動。如果遭遇毀滅式的痛苦，無論是生理或情緒上的痛苦都不例外，我們只會全力應付這種痛苦。這就是一旦惡狠狠的回饋為你帶來情緒痛苦或安全威脅時，你的腦的反應。研究結果告訴我們，我們的腦顯然需要很多愛、安全與喜悅，才能處理負面回饋、並運用這些回饋。我如果想在比賽中勝出，就不能總是採取守勢，隨時準備退縮。你在受回饋時要記住這一點，因為它很重要，但如果你是給予回饋的一方，記住這一點也非常重要。

當我打電話給家父告訴他出了車禍時，父親沒有大吼大叫。事實上，他在知道沒有人受傷以後，似乎還對我闖下的這場禍很感興趣。但他給了我回饋，讓我知道這是「我的事」。他沒有幫我脫困解套，他與我的情緒互動沒有讓我看不清這是我的問題。他沒有說，「你真笨！你就準備這樣去見女友的父母嗎？我就知道不該讓你開車走這一趟的。」如果父親當時對我說這些話，會引起我的什麼反應？我或許會心想我怎麼會有這麼討人厭的老爸，也或許我會認為自己確實有夠笨。但因為他沒有這麼做，我開始思考**真正的問題**：我撞毀了女友父親的車，而且馬上要面見車主了。解決這個問題需要成長，父親透過給我的回饋，為我帶來這種成長的機會。

對腦迴路的研究顯示，當我們必須自行解決一個問題，而不是聽從他人指示、或看著他人替我們解決問題時，新能力開始在腦部成長。我們大約可以將我們讀到、聽到、或見到的東西記住百分之十到二十，但在這種學習過程中親身經歷的東西可以記住百分之八十。當他人為我們帶來回饋，讓我們自行解決問題時，我們學了新東西。

研究並且顯示，我們在沒有遭到負面情緒影響的情況下，更能保持專注，更能專心投入，思考更清晰，處理資訊也處理得更好。負面情緒會阻撓這一切。在遭到負面情緒時，我們腦中負責高表現的部分被打入冷宮，負責較低、較被動表現的部分開始當道。

## 有用與可行

有一位女士告訴我，「我與我男友有個問題。」

「什麼問題？」我問。

「我要他多與我聯繫，」她說，「我覺得與他的關係不夠密切。」

「那不好，」我說，「妳採取什麼行動了嗎？」

「我告訴他。」

「告訴他什麼？」

「我告訴他，我要他多與我聯繫。」

「妳告訴他什麼？妳真這樣對他說了？說妳要他『多聯繫』？」

「是啊。那有什麼不對嗎？」她不解問道。

「妳這麼說有效嗎？」我問。

「沒效。他一點沒變，還是老樣子。」

「那麼依妳之見，他應該變得怎麼不一樣？」我問她。

「應該多與我聯繫啊，」她說。

「嗯……但怎麼聯繫啊？妳要他怎麼做？」我問，「聯繫是做一些特定事物帶來的結果。就憑妳那一句『多與我聯繫』，妳要他怎麼做？他很可能還搞不懂該怎麼做。我敢說，他現在一定兩眼茫然，搞不清狀況。」

「照你這麼說，我該怎麼做？我以為我已經向他開誠布公，表白對他的需求了。」

「我知道。妳似乎確實已經表白了。問題是，當某人不做某事時，原因可能是他們不知道該怎麼做。所以，如果只是告訴他們說妳要什麼結果，並不能幫他們什麼。如果妳說，『我希望下班以後，我們可以每周聚個三兩次，散散步……不必過於刻意，只要碰碰面，共享一下當天遇到的事或心情。』我敢打賭，如果他關心妳，他會說『當然，我樂意從命。』」

我向她解釋說，「這兩句話的差異，就在於後面這句話提出可以付諸行動的計畫，具體指出一些妳希望他做，或希望他不做的特定事物，這些都是他可以做到的事。他可以控制作息，抽時間陪妳散步，但能不能讓妳感到『聯繫』就非他所能控制了。」

她點頭稱是。在與她的這次互動過程中，我對她也用了同樣做法。我沒有只是要她

「換個方式」，不要那樣對他說。我給她一些特定回饋。

## 後果與痛苦

四號角落關係不會救我們。它們會要我們為我們的表現負責。工作要有標準，要有成果。對一個團隊的文化而言，最糟的是莫過於一味獎勵，對惡劣的表現視而不見。這麼做，等於明白告訴那些表現欠佳的人，「你們已經夠好了」，同時對其他人說，「你們那些追求完美的工夫、關懷、勤勉都沒有價值。」

吉姆·布蘭查（Jim Blanchard）曾是ＡＴ＆Ｔ董事會首席董事，在西諾佛金融公司（Synovus Financial）做了三十五年執行長，布蘭查在一九九九年入選《財星》雜誌名人堂，說他「打造全美第一的工作場所」。能夠選入《財星》名人堂的公司寥寥無幾，西諾佛是其一。我曾問布蘭查，他的公司為什麼能獲得這樣高的排名。他對我解釋說，這是因為他一直認為公司文化與業務計畫一樣重要。

為了實現這種認知，許多重要的事出現了。公司領導者建立公司體現的價值與行為規範，包括關懷、培養、尊重、賞識、授權與協助員工等等。當員工不能做到這些文化價值時，他們以非常嚴肅的態度追究責任。布蘭查對我說了兩件讓我印象深刻的事。首先，領導團隊起了一個誓，絕不把連他們自己都不願為之工作的老闆，派給任何人當老闆。其次，他們絕不容許虐待、霸凌，絕不容許任何人以不敬、冷漠的方式對待他人。布蘭查並且告訴他所有的員工，如果受到老闆不公待遇，他們應該首先找上老闆，設法解決問題，但如果仍然解決不了問題，他們可以直接找他。他告訴他們，如果他做不到這樣的承諾，無論他對他們說什麼，他們都可以當成耳邊風，置之不理。

這樣的安排意義何以如此重大？這是因為它把公司對員工的期望說得非常明確。它明白指出，公司要建立一種健康的文化，要將一套大家都同意的價值付諸於行，這是全體員工的責任。不接受或不能做到這些標準的主管與單位負責人，不適合在西諾佛任職。在布蘭查宣布這套企業文化標準之後兩年間，約兩百名領導者離開西諾佛。其中有些是退休人士；有些是經過一番掙扎，在接受公司輔導之後，仍然不能適應這些文化要求的主管。有些主管在接受公司輔導之後成功轉型，也有些主管遭到解職，還有些主管由於想改變工作環境而自動請辭。但經過這一番換血之後，西諾佛的領導品質與職場環境大幅改善。這是真正的責任文化的成果；布蘭查重視企業文化的做法見效了。

首先，它要所有的員工自控。不喜歡善待其他同事的員工面對兩個選擇：要不改善，要不另謀高就。這種開誠布公的做法帶來更大的自我控制。有些人運用了它；也有人選擇不用它。一旦每個員工都了解他們必須做到的標準，都見到沒有滿足這些標準的後果，一種正面的回饋出現，帶動更多的學習與成長，把成就推上新高峰。

沒有責任就沒有自由，但一般來說，只有在不負責任就必須承擔後果的情況下，我們才會接受這種事實。一個標準若是沒有後果，就只能是一個幻想、一個願望或建議，不是一個標準。一個後果若不涉及痛苦或損失，就根本不是後果。真正的標準意味，如果不能滿足這個標準，我會損失一些很重要的東西。若非如此，我們都會漫無章法、任意行事。

在四號角落的聯繫中，標準必須執行。它們能創造一個保護傘，以保持系統、關係、或文化的健康。如果你容忍壞行為，會連累整個系統受罪。誠如吉姆·布蘭查對我所說，「絕不能讓破壞價值的人留在公司。如果讓他們留下來，他們會毀了你努力營造的一切。」

不幸的是，我們都見過這樣的事：教師容忍一名學生不斷打斷授課，老闆讓一名團隊成員分裂公司文化，家庭讓一名家人毀了假期的家庭團聚。面對現實可能很痛苦、很艱難，但不面對現實的後果永遠比這糟得多。

## 練習與回饋

談到汲取回饋，我想到的一個最了不起的激發劑就是「髓磷脂化」（myelination）。我們的腦會在神經纖維周遭長出一種稱做「髓磷脂」的特殊脂肪組織，以加強將訊號送往迴路的能力與速度，這種過程就是「髓磷脂化」。它能加速處理器。髓磷脂愈多，傳遞訊號的功能也愈強。簡單說，我們愈能刻意練習，重覆做一件事重覆得愈多，髓磷脂化出現得愈多，進行那個行為的網路也變得愈堅強。練習能導致完美。也或者，如麥爾坎・葛拉威（Malcolm Gladwell）在他的著作《異數：超凡與平凡的界線在哪裏？》（*Outliers: The Story of Success*，按：繁體中文版由時報文化出版）中所說，一萬個小時的刻意練習是成為大師的關鍵。雖說研究界對一萬個小時這數字有一些爭議，但練習的價值不容否認。我們的腦需要它。

髓磷脂化儘管如此神奇、重要，單憑它本身不能保證我們可以透過反覆練習而學習與成長。它是一種不可知的過程；無論我們造的是生產式或毀滅式經驗，它都自顧自做它的事。它不會選擇性地為一些經驗而將網路升級。

回饋**加上**刻意練習之所以這麼重要，原因就在這裏。那不僅僅是練習揮桿、練習一萬個小時而已。你還需要從教練、從你的成績、從不同技巧的嘗試（別忘了還得有天賦）取得回饋。反覆能創造迴路，但想造出我們希望反覆與加強的正面模式，還得仰賴建設式回饋。如果我們做的事損人不利己，我們需要**及早知道，以免事情變成一種模式**。當我的兩個女兒開始學習高爾夫時，我從第一天起就帶著她們，為的就是不讓她們養成不良模式，將來想糾正非常困難。想避免不良模式，唯有靠回饋。

找出能讓你不斷成長、成功的四號角落回饋吧。一旦知道什麼事有幫助，怎麼做對你好，你可以更加注意那個行為。這樣的調整能創造新的腦部迴路。除了能避免我們養成不良行為模式以外，回饋還能讓許多好事發生。不僅如此而已，它能引導我們一再重覆對我們有幫助的事，直到習慣成自然為止。

## 自由、責任與愛

在寫到這裏時，我的兩個女兒分別是十三與十四歲。她們簡直好極了。我連作夢也沒想到她們能為我帶來那麼多樂子。曾聽許多人對我表示同情，說「哦，有十幾歲的孩子。你真可憐！」之類的悲觀話。但那並非我的經驗。

不久以前，我在旅途中上理髮廳。那替我理髮的人說，「我也有個十幾歲的女兒。」

「好極了！她多大？」我問。

「她十六歲，」他說。

「哦……你一定每天都有逗不完的樂？」我問。

「並沒有，還沒熬出頭呢。」他認真地說。

對不起，我心想。

我知道養育青少年子女著實不易，知道這很可能是一段惱人的經驗。或許十年以後再問我感覺如何比較實際，但現在不妨先替我祈禱一下。我不敢夢想自己能將這一切做得十全十美，但我仍然很樂觀。我的兩個女兒太棒了！

不過，部分由於我是心理學者，部分也因為聽過那麼多人的悲觀論調，我決定還是應該與兩個女兒正正經經、好好談談，我告訴她們一個我很喜歡的公式：「自由」等於「責任」等於「愛」。以下是我對她們說的那段話的摘要：

「女兒，妳們是青少年了。這是讓人興奮的好時光。其中一個原因是妳們會愈來愈獨立。那表示妳們會自行決定做許多事，妳們會爭取做這許多事的自由。所以我要妳們了解一件事。

「我非常希望能給妳們一切妳們要的自由。我不打算把妳們控制在我身邊。事實上我的計畫正好相反。我要妳們能夠自控，享用盡可能最多的自由。我的計畫是這樣的。它是一個公式。妳們今後享有的自由的多寡，與妳們在享有自由時負起的責任相等，而那個責任要用愛來衡量。妳們做出的、對之負責的選擇必須有愛心。它們必須對他人、對妳們自己都有利。妳們的選擇不應以任何方式傷害任何人，無論是任何他人或是妳們自己。這就是妳們的責任規範。如果妳們在愛的引導下負起責任，妳們享有的自由會愈來愈多。只要遵守這個公式，妳們想要多少自由就能有多少自由：『自由』等於『責任』等於『愛』。

「如果我給妳們自由，妳們卻不能為其負責，如果妳們做出的事沒有愛心，對他人、對妳們自己都不好，妳們的自由將會受到同樣程度的限制。今後幾年，妳們享有多少自由完全取決於妳們自己。讓我知道妳們能為自己的選擇負責，妳們就會得到妳們想要的一切自由，這會使我的人生與妳們的人生充滿樂趣！」

我知道我們今後一定會面對考驗，不過只要我堅守當個四號角落父親的立場，不斷支持她們，提供她們回饋，給她們自由，要她們為得到的自由而負責，事情應該不會有大礙。

我相信這個公式有效。我希望我們能在每一種關係、在做每一件事的過程中都能運用這個公式。當每一個人都擁有燃油，都能自由發揮，都能負起責任再創佳績時，這個世界不知會多麼美好。

【金句】

◎查理．尼可勞斯對兒子傑克．尼可勞斯說：「兒子，這不是我的比賽，是你的比賽。」

◎四號角落自由的另一面是責任。四號角落關係不僅給我們自由，還要我們經由責任取用、擁有這種自由。

◎四號角落關係不能讓我們迴避艱難的決定，不能讓我們可以不負責任。像是當你的部屬在第一次獨當一面時犯了錯、惹毛一些團隊成員時，你不要出面替對方解套，但你可以鼓勵經驗不足的當事人調整行事風格、找出解決辦法。

◎四號角落關係發出的訊息是，「我不能把你從你自己造成的困境中拉出來，但我可以要你為它們負責。」

# ・8・

# 拔去猛獸的毒牙

我在第五章談到我在從商過程中經歷的一場大難。我把事情完全搞砸，就在我一敗塗地時，我的一位救命恩人救了我。他的仁慈與理解，為我在那段期間紓解了許多孤寂。但這種四號角落聯繫也幫我面對其他的事：面對可怕的失敗，我的失敗。我真正了解到事情所以出了這麼大的亂子，是因為**我自己**，犯下這愚蠢錯誤的人是我。自以為做得很好，卻不知已經出了差錯的人也是我。

我該怎麼面對這種**慘敗**？我感到罪惡、羞恥、懊喪，我自怨自艾，又悔又恨，這些感覺像猛獸的**毒牙**一樣，狠狠咬住我不放。我真的、真的把事情搞砸了，人生勝利組絕不會像我這樣。

但，真的嗎？

真正讓我掙脫那種感覺，讓我終於克服失敗的，是「我們都經歷過這檔事」那句話。但為什麼？為什麼就這麼幾個字能讓我不僅重新振作，而且做得還比過去更好？

## 惡性循環

身為心理學者的我可以告訴你，一旦進入一種負面臨界狀態，我們的腦、心、精神與靈魂都每下愈況。我們的腦釋出化學物，在腦海造成一片自我譴責之聲。腦因此無法充分發揮思考、解決問題等取勝功能。這樣的循環持續進行，把我們一步步拖入憂鬱深淵，不斷耗損我們以不同方式思考的活力與能量。但想打破這種模式，只是找個人聽你吐苦水、給你慰藉還嫌不夠。我們還得**拔掉失敗這頭猛獸的毒牙**。這就是我那位救命恩人那句「我們都經歷過這檔事」發揮的功效：它將失敗正常化了。

像他這樣令人稱羨的人生勝利組，竟然也曾經像我現在這樣大敗虧輸，讓我鼓起勇氣面對現實，讓我發現我這樣自怨自艾不切實際。在他的幫助下，我不再恐懼失敗；我發現為自己訂下「永不失敗」的標準根本不切實際；正確的目標應該是尋找機會、逐夢踏實，不要因為擔心失敗而不敢嘗試。換言之，失敗不過是邁向勝利的一段過程而已。誠如他所說，他們（勝利者）「都經歷過這檔事」。

自有人類以來，我們就為一個議題掙扎不已：理想狀況與事實之間的緊張對立：

「我希望我能像什麼樣」，與「我現在是什麼樣」兩者之間的差距，令我煩惱不堪。最重要的是：**表現好的人紓解這種緊張的方式，與表現較差的人非常不一樣**。怎麼不一樣？基本上是這樣的：表現好的人因為能看見做得更好的可能性，並因此勇敢前進，他們不會面對這種可能而膽怯。一旦面對失敗，他們能再接再厲，不會因為自己犯了什麼錯而自怨自艾。他們的意願與衝勁沒有因為失敗而受損或蕩然無存。他們的表現能高人一等，原因就在這裏。不過話又說回來，這不是一件純粹個人意志力的問題。研究成果證明，我們所以能將失敗視為一種改善、進步的手段，視為一種取勝、成功的機會，還得仰賴「他人的力量」。試想一下。就這麼一段對話，讓我整個心理、生理、情緒、動機、與智識狀態完全翻轉。恩師為我重塑了一個栩栩如生的人生目標架構——它是那種讓我可以不斷努力追求、不是那種不成功就失敗、非生即死的架構。透過與恩師以及與其他人的互動，那個架構活躍在我心中，成為我的一部分。

當然，就知識而言，我已經明白這道理。我們都明白這道理，但當毒牙咬緊我們時，那一切感覺如此真實；讓我們很難看出失敗不過是一種暫時事態而已。我們需要「他人的力量」幫我們。

沒錯，神經學研究顯示，一個不贊同的臉色能代表負面評價，能向你的腦發出訊號，說你做了些不好的事，說你的關係有受損之虞。在這種情況下，我們往往不能專心尋找可能的解決辦法，而陷於遭到排斥、不安全與失敗的無邊恐懼中。很顯然，一旦陷入這類感覺的泥淖，再想以客觀眼光評估問題已經很難，更別說想解決問題了。（見莉莎・布克倫〔Lisa J. Burklund〕、諾米・艾森伯格〔Naomi I. Eisenberger〕與馬修・萊伯曼〔Matthew D. Lieberman〕合著《拒絕的臉孔：被拒敏感度能將後扣帶活動化為不贊同的面部表情》（暫譯・*The Face of Rejection: Rejection Sensitivity Moderates Dorsal Anterior Cingulate Activity to Disapproving Facial Expressions*, PubMed, www.ncbi .nlm.nih.gov/pubmed/18461157）。失敗這頭猛獸的毒牙已經咬緊你，讓你一心一意只能記掛你的關係安全性，無暇顧及解決問題。當你的腦發現你可以提升一個重要的創意與表現功能時，你應該思考怎麼提升，而不是怎麼做才能避免遭人拒絕，避免失敗，避免遭人斥責。我們所以非常需要有人從四號角落為我們提供客觀省思，原因就在這裏。就像經驗老到的飛機駕駛員知道，如何將一架滿載旅客的飛機安全穿越風暴一樣，四號角落關係能告訴我們如何拋開沮喪與無助感，開創更美好的新局。我的恩師就是這樣扶了我一把。

無論我們做的是什麼，是商界領導者、是父母、是業餘運動員或是他人的伴侶，兩個現實總是同時並存：我們在任何指定一刻的位置，以及我們希望達到的位置。這兩個現實之間的空間就是**間隙**。我們不能避免「間隙」，但我們可以決定怎麼跨越它，就像是留意倫敦地鐵車廂和月台的間隙那般。它會使我們鼓勇而前，還是會讓我們認輸、放棄？我們會將它做為自我改善的指標，還是因為它而自怨自艾、認敗服輸？不妨看看一家頂級製片業者是如何跨越「間隙」。

## 皮克斯的故事

在執行長艾德．卡特莫爾（Ed Catmull）領軍下，皮克斯動畫工作室（Pixar）在先後推出《海底總動員》（*Finding Nemo*）、《玩具總動員》（*Toy Story*）、與《怪獸電力公司》（*Monsters, Inc.*）等暢銷鉅片之後，已經首創一種結合藝術美學與商業成功的品牌。皮克斯能吸引全球頂尖人才加盟不足為奇，奇妙的是，它還造了一種非常講究合作、非常細微的四號角落關係文化；因為要將這麼多藝術家聚在一起已經非常不易，要讓他們合作更是難上加難。皮克斯這種合作文化部分構築於一個前提之上：失敗不是問題；公司歡迎失敗。用我的話來說，卡特莫爾團隊「拔掉失敗這頭猛獸的毒牙」，建立一種四號角落文化。

誠如卡特莫爾在他所著《創意電力公司》（*Creativity, Inc.*；按：繁體中文版由遠流出版）中所說，「皮克斯動畫工作室所以如此與眾不同，是因為我們承認我們總有問題，而且許多問題還藏在我們看不見的地方；我們要竭力發掘這些問題，就算這樣做讓我們不好過也在所不惜；一旦碰上問題，我們會動用全幅精力加以解決。這比任何精心籌畫的饗宴或工作站更能吸引我，它給我一種明確的使命感，讓我一早精神抖擻地趕到公司。」

皮克斯不懲罰犯錯，但它強調根除負面態度，根除達不到預期效果的結構與行為。卡特莫爾與他的團隊知道創意需要一種讓人感到安全的文化，皮克斯必須刻意建立這樣一種文化才行。「我花了近四十年時間思考如何讓那些有抱負、又聰明的人才共聚一堂、有效工作。根據我的看法，身為管理者，我的工作就在於創造一片沃土，讓它保持健康，留意可能傷害到它的東西。」

卡特莫爾說的這種「沃土」文化，讓員工不必隨時為犯錯、為做得不對而提心吊膽，但它同時也提供程序與結構，以保證不同凡響的成果。難就難在這裏。健康的企業文化需要讓員工感到安全，但同時也不能讓員工懶散鬆懈、有恃無恐。健康的企業文化擁抱員工，但同時也會**鼓勵並督促**他們，讓他們表現得更好。

卡特莫爾說，他訂了某些規則，一方面要維護心理安全，同時還要鼓舞團隊精益求精。他坦承，在早期階段，「我們製作的影片每一部都很爛……我一再向他們強調我們的片子真的有夠爛，所以使用這樣的字眼，是因為說得太婉轉，表達不出我們初期拍的那些片子之爛。」隨後，他開始處理「間隙」——幫他們「從爛到不行進步到不是很爛」，為他那個才華洋溢、衝勁十足的團隊找出縮小「間隙」的途徑——幫他們從他們現在的位置進抵他們計畫到達的目的地。

他怎麼創造這種關係上的安全感？首先，他全力營造一種沒有老闆的同儕文化。他將創意會議中一切代表階級的符號去除，撤下會議桌與座位名牌，換上舒適的座椅，以突顯與會者人人平等、不分高下的意識。其次，他堅持每個員工都是公司成敗的既得利益一份子。最重要的是公司必須做得好。他不在乎個別員工是否表現特佳、是否比其他人都聰明。個人勝利不重要。公司拍出好電影最重要。

最後，卡特莫爾創了一種有施也有受的互惠文化。他規定團隊必須「給予和傾聽對方的好建議」，或回饋。我特別喜歡他強調「給予和傾聽」，不但要為他人提供回饋，還要接受他人的回饋。施與受的雙方都很重要。提出回饋的人不應指控、怪罪，接受回饋的人也不能一味辯護。在四號角落關係中，我們要敞開心胸接受回饋，但也要送出「讓對方可以接受」而且不傷人的回饋。神經學研究成果顯示，一旦被恐懼與失敗的毒牙咬緊，我們無法汲取回饋。

不久前，我參加了一家科技公司的廠區外主管團隊會議，會中就為這個施與受的問題鬧得很僵。一名高階主管對一名非常有才華的基層主管寫的計畫書有意見。她不喜歡這個產品，並根據團隊為自己訂定的一項基本價值對計畫書提出反對意見。

接到這項回饋後，那名基層主管立即擺出守勢，為自己辯護，會議氣氛隨即轉變。你可以感覺得到。儘管兩人仍在討論這項計畫，會場原本熱鬧活潑的空氣弄僵了。那名基層主管的肢體語言與語氣把他的情緒表露無遺。最後，我制止討論說，「等一下，這是怎麼回事？這樣不行。」

「你是什麼意思啊？」

「你完全扯遠了，聽你的口氣你好像非常惱火或不快什麼的。儘管我們仍在討論，但我想這樣討論下去根本沒有意義。你好像怪怪的，有事嗎？」

「好吧……你真想知道？那我就告訴你。她對我做的每一件事都吹毛求疵，跟她共事太難了，」他說，「我看我最好還是放棄算了。自從加入這個團隊以來，她就一直找我麻煩。」

「她找你麻煩，怎麼說？」我問，這個問題非常嚴重。或許我對那名高階主管的認識不夠，或許也未必她在我面前人模人樣，私底下卻對人張牙舞爪。

為了這個團隊，我知道我們必須立即解決這個問題。誠如卡特莫爾所強調的，創意文化必須「克服許多看不見的問題」，於是我們開始解決這個問題。

這名基層主管於是說出他的感覺，她過於「苛刻」，想與她好好共事實在太難。團隊其他成員與我都靜靜聽著。我可以看得出，他所以發牢騷不只是因為他與她的關係而已。她雖說非常直接，她的回饋也往往不帶甜言蜜語，但她用意良善。她可能言語過於強硬，有時甚至有些氣勢凌人，但她誠懇，而且真正是在為團隊著想。不過，聽在這位基層主管的耳裏，就不一樣了。

「我完全聽不出她說的話有什麼苛刻之處，」我說。

「你這話什麼意思？」他問。

「我認為，她只是把她的意見告訴你，如此而已。她對我說話一直就是這樣的，而且口氣比她剛才對你還要兇得多。」我看了她一眼，發現她有些臉紅。「但當她對你說話時，」我繼續說，「那些話似乎讓你感到受辱，而不是感到她是在幫助你。」

我指出，我最近也與他有過同樣經驗。當我對他的一些看法提出反駁時，他覺得我對他不尊重。我再次向他保證我絕非想要血口噴人傷害他，但團隊需要找出一個能向他提出回饋、同時不讓他覺得受辱的途徑。

我們繼續討論，他於是承認從來沒有在這樣的企業文化中工作過：每個人都可以坦誠提出真正回饋，與大家共享，但沒有人認為自己隨時受到威脅。在他過去工作的地方，每個人都擺出笑臉，但往往都不坦誠。他仍然無法相信這個團隊的價值主張是玩真的，並非嘴巴說說而已。更重要的是，他現在發現，自己過去那些抵抗與防禦行為，主要因為自己往往將他人用意良善的評語，視為羞辱自己的貶抑之詞。

這對他是一項重要啟發，因為想從四號角落關係真正受益，我們必須認清這種內部對話可以干預施與受的回饋。當他人為我們提出忠告時，我們聽在耳裏可能覺得這些話刺耳。曾經與老闆互動而心靈受創的人，或過去與人相處時聽慣花言巧語的人，往往出現這樣的狀況。有人一輩子生活在三號角落的奉承諂媚中，沒有人告訴他們他們那些想法或理念其實沒什麼了不起，所以一旦有人給他們回饋，他們就認為對方言語苛刻，或對他們不敬；我們經常會使用過去那些不清澈的鏡片過濾現有關係。

我們在這次廠區外主管團隊會議中繼續討論這類議題，在四號角落關係的營造過程中達成一些進展。那名基層主管領悟自己需要努力改變態度，在聽到令自己不快的回饋時，以坦誠的態度問對方他們的意思究竟是什麼。這是很大的進步。我為他鼓掌。

同樣，那位高階主管也採取一些步驟，自己成為更強有力的四號角落人物。我在會中對她說，「順便一提，妳知道他說的也並非完全沒道理。我知道妳沒有惡意，但妳可以注意妳說話的語氣，這會很有幫助。」她聽完笑著說，「一定啦。如果我下次說話又那樣兇巴巴，請提醒我。」四號角落這種真正的互動，使怪獸從你的敵人變成你的朋友。

誠如卡特莫爾所說，我們都需要對彼此坦誠，說「這影片很爛」，但也都知道這是

「對事不對人」，而且我們都想讓事情做得更好。四號角落是一個雙向互動的地方。**我們需要好好說話，也需要好好聆聽**，儘管對方對我們說的話或許語氣不怎麼好，也不例外。那是一個開始，但我們還得努力說得更好，讓我們以率直但親和的口吻提出我們的回饋。一旦我們都能經常注意自己說話的語氣，我們能讓對方也更加心平氣和。世上多一分親和，能讓我們大家都受益，這話一點不假。我們**需要**親和才能成長。我們需要很多親和，有了很多親和以後，一旦遇到嚴厲冷漠，我們也更能坦然接受。舉例來說，如果你對我一直和藹可親，給了我一千次有用的回饋，當你碰上不如意的事，對我發脾氣、把門使勁「砰！」一聲關上時，我多半會同情你、關心你，不會因此把你列為拒絕往來戶。這種容忍使我們的相互關係更加安全穩固，使我們更容易給予、接受對方回饋。不只是從一時挫敗中重新振作而已，還能更加和睦共處，推出我們共同製作的又一部暢銷大片。

所幸，我們可以做幾件事幫我們推動這種成長進程。最主要的是，我們必須刻意而主動地創建兩個東西：

一，為了讓他人知道我們要把事情做得更好，要訂定如何溝通的標準。

二，要訂定監控機制，以了解與他人的溝通做得如何。

## 方法與手段

為了助長好的回饋，我們需要作業標準、價值觀或行為準則。以皮克斯為例，皮克斯的員工都認定他們一定會碰上問題，而且一定會解決它們。這真是了不起的標準！反觀有些企業文化容不下任何問題，讓一個個員工都不敢提出問題，更別說幫助員工成長、發揮他們所長了。皮克斯的另一標準是以同儕為基礎的合作。換言之，**創意和點子沒有階級或職位之分**。

這是很好的標準，有了這樣的標準，如果你覺得老闆的點子不好，你可以毫不猶豫地表示反對。另一方面，如果老闆對你說他不喜歡你的構想，你也不會將這話視為一種斥責，不會擔心你會因此而失業或無法升遷。皮克斯並且提倡一種「服務」文化。在員工心目中，回饋是為一種大益服務（換句話說就是拍最好的影片）。每一個回饋都是為了那個目標，都是為了幫每一個人取勝。不僅如此，皮克斯除了強調給予他人回饋以外，也同樣強調接受他人的回饋。這是每一個員工的職責，要以一種為大益服務的方式給予和接受回饋。

這些就是四號角落團隊與組織的重要規則。我在與主管團隊共事的過程中，經常發現團隊的回饋施與受能力一旦受損，表現成果也下挫；這個問題經常比策略或執行計畫本身的問題更加嚴重。將失敗責任歸咎於一個劣質產品或一個營運層面並不難，但問題往往出在更上游的地方，往往出在溝通不良，特別是由於回饋的施與受斷了線，團隊無法以前瞻眼光不推諉也不掩飾地集中全力創造佳績所致。

我所以鼓勵團隊擬出幾條簡單規則與溝通標準，原因就在這裏。我鼓勵團隊共享他們過去因回饋而來的成敗經驗，並根據這些經驗研擬做法，幫他們跨越「間隙」，邁向預定目標。

與我共事的一個團隊，提出以下這段員工共事指導準則：「我們以尊重、合作、及時與完整的方式對話；我們明確而直接地表達我們的理念，共享我們的觀點，同時以開放的胸襟面對不同的看法。無論是表達訊息與表達相互期望，我們都要傾聽以求了解，都要認真提問以求明確。我們公開討論關鍵議題，以謹慎的態度發表難以啟口的訊息。我們承諾絕不對重要事物避而不談，我們在遇到問題時會直接找當事人，不會拐彎抹角找其他人。」（詳見拙作《為領導立界線：給在劇變時代持續學習的領袖》〔*Boundaries for Leaders*〕）

還有一些團隊提出其他辦法。以下是幾個例子：

- 針對問題，不針對人。
- 無論什麼構想，我們先愛它五分鐘再說（或許不一定是五分鐘——四十五秒如何？）
- 以尊重對方的方式提出回饋，但要把話說清楚。
- 在表示否定或不同意以前，先要聆聽與思考。
- 不可以挖苦對方或做離題的人身攻擊。
- 不可以在背後或私下議論。

就個人或就專業層面而言，四號角落關係的正確規則都取決於環境。但無論你建立的是什麼標準，你得認清：一方面，能不能讓對方聽得見你的訊息，能不能讓對方以尊重、善意、與坦誠的方式接受你的訊息。另一方面，你能不能以尊重、善意、與坦誠的方式接受對方的回饋，讓自己超越現有極限，這一切成之在你。

正因為這樣，你應該為你的四號角落關係建一個機制，協助你與對方溝通、交換回饋，協助你做到你建立的回饋標準。**你得隨時留意這些關係才行。**

我不久前與一位執行長與他的團隊一起工作，解決那個團隊面對的團隊協力問題。這個團隊在一個重要策略議題上出現分歧，其中三名成員組成聯盟一類的圈圈，對付另兩名成員。這位執行長說，他總是覺得自己夾在中間，左右為難。他終於忍無可忍地開了口：「事情到此為止。我不能讓這樣的事在我眼皮底下發生。你們如果不能彼此相互尊重，就請你們另找其他地方繼續鬥下去吧。」

這位執行長把話挑明了：那幾名團隊成員如果選擇繼續這樣鬥下去，他得請他們走路。他以一種真正的四號角落關係精神給他們選擇的自由，但也讓他們知道他們的選項有什麼樣的後果。所幸這幾名團隊成員將執行長這番話聽了進去，相信執行長這麼說是為他們好。這番討論後來達成一個明智的新標準，幫這個團隊忠於它的價值觀。我們稱這個標準為「旗」。

當有球員犯規時，足球裁判會舉旗，這個團隊也決定使用一種類似監控系統以確保大家都能按規矩行事。任何一名團隊成員，如果覺得彼此間的言談淪為尖酸挖苦，或覺得有人結黨成派，或損及團隊價值或目標，可以舉黃旗停止活動（他們真的在開會時在會議桌上擺了幾面黃旗），團隊每一名成員都有權停止活動，以糾正違規。

同樣，所謂「程序檢查」也有助於團隊會議活動，對伴侶的彼此溝通或家庭會議也有好處。我們不妨暫且停下來，問類似以下的問題：

- 在互助合作、讓大家都做得更好的事情上，我們表現如何？
- 我們的回饋做得如何？我們給出的回饋夠不夠？我該怎麼做，才能使我的回饋對你更有用？
- 我該怎麼做才能以更開放的胸襟接受這個回饋？

臨危受命、讓福特汽車公司（Ford Motor Company）轉虧為盈的總裁兼執行長艾倫・穆拉利（Alan Mulally；按：二〇一四年七月一日退休），以訂有十二條明確的公司同事共事原則而著名。許多業界專家認為，福特所以能起死回生，這種眼光與行為非常明確，以及穆拉利團隊能將這種明確感投入企業文化，讓福特重新振作功不可沒。據一些觀察家說，穆拉利經常在會議展開時大聲宣讀一張列有這些原則的清單，在會議結束時還會再對著清單檢查一次，問「我們做得如何？」

我們這裏談到兩件事：建立標準，然後隨時檢驗，以確定是否遵照行事。穆拉利的以上做法是這兩件事的好榜樣。想改變任何行為，特別是改變所有其他行為的行為，這種「程序檢查」，這種與他人共事以謀改善的能力必不可缺。當我們改善的方法改善時，我們會變得更好。我們當然要力謀改善，但改善的方法也要改善；這麼做不會讓你後悔的。

【金句】

◎讓我終於克服失敗的是「我們都經歷過這檔事」那句話。但為什麼？為什麼就這麼幾個字能讓我不僅重新振作，而且做得還比過去更好？

◎身為心理學者的我可以告訴你，一旦進入一種負面臨界狀態，我們的腦、心、精神與靈魂都每下愈況。只是找個人聽你吐苦水、給你慰藉還嫌不夠。我們還得拔掉這頭失敗惡獸的毒牙。這就是我那位救命恩人那句「我們都經歷過這檔事」發揮的功效：它將失敗正常化了。

◎表現好的人因為能看見做得更好的可能，並因此勇敢前進，他們不會面對這種可能而膽怯。一旦面對失敗，他們能再接再厲，不會因為自己犯了什麼錯而自怨自艾。他們的意願與衝勁沒有因為失敗而受損或蕩然無存。他們的表現能高人一等，原因就在這裏。

◎我們所以能將失敗視為一種改善、進步的手段，視為一種取勝、成功的機會，還得仰賴「他人的力量」。

# · 9 ·

# 正確的督促之道

假想你站在山腳下，想爬到頂峰。你終於鼓起勇氣，而且也花了許多時間與精力訂了一個登頂計畫。於是你展開行動，但走了幾步就失足滑落，摔倒在原點。就在那一刻，站在山頂的一名忍者推落一塊巨石向你當頭壓下。另一名忍者向你擲來一根毒矛，險些擊中你。你拭去額頭汗水，考慮是否應該爬起來再試一次，但你隨即發現失足跌落，就會遭到這種巨石與毒矛夾攻的懲罰。這時的你，只能全神貫注，謹防一旦再次失足又遭巨石與毒矛夾擊。你小心翼翼又試了一次，但仍然沒有進展，再次遭到巨石與毒矛攻擊。

那天晚上，在惡獸的毒牙被拔除以前，我就站在那個山腳下。但由於友人以理解與正常化的手段拔了惡獸毒牙，失敗不再攻擊我。失足滑落成為爬山正常的一部分。我不再因為爬得不好而遭到巨石與毒矛夾擊。但我仍然陷入困境，怎麼辦？

你如果重覆同樣的事，得到的結果也還是一樣。就算那些看不見面孔的敵人不再攻擊你，你本身行事的拙劣讓你一事無成。你不再遭到攻擊，但你也沒有進展。你也嘗試了，但結果仍然留在原地；你無論怎麼做始終無法脫困。

你想攀高，但總是一而再、再而三地在同一個障礙失敗；你不斷因為自己犯下的錯而絆倒。就算失敗惡獸的毒牙已經拔除，你也只能不斷重覆已經重覆過的錯誤，自生自滅。

你已經來到你的極限。你或許不再覺得痛苦，但也別想再往上爬。你得想辦法改變現狀才行。你該怎麼做？

## 敞開胸懷

我在其他作品中，曾以物理學中熱力學的第二定律為喻，解釋人類表現的運作。這個定律基本上就是說，無論任何系統中總有一種限額能量，隨著時間逝去，這些能量的用途愈來愈少，也愈來愈亂。儘管系統也設法維護秩序，謀求進步，但能量免不了逐漸亂套，系統品質也因此愈來愈差。這種秩序與能量的衰竭稱為「熵」（entropy）。無論怎麼努力，系統只會愈來愈差，不會愈來愈好。人類的表現也是一樣。

商務之道也是如此。管理團隊不斷運用過去做得很成功、但現在不斷碰壁的一項計畫，而且一再以各種因素與藉口為由，為失敗做解釋。就這樣不斷一敗再敗，直到業績每下愈況、虧損連年，不可能再加以否認為止。

同樣情況也不斷出現在個人身上。一名高爾夫運動員不斷練習，但讓分桿數卻始終降不下來。一對夫婦計畫晚上約會以重燃愛火，但最後總因同樣議題鬧得不歡而散。一名領導者堅持己見，但他這套過去馬到成功的策略現在已經不管用了。

如果你讀過我寫的另外幾本書，你就知道想打破這種「衰竭循環」，有兩個必不可缺的要素：**新的活力與新的智慧之源**。

在商界，我們稱這種打破衰竭循環的人為「扭轉乾坤的藝術家」（turnaround artist）。當年讓福特反敗為勝的穆拉利就是這樣的人。他為福特注入新活力與新智慧，他用一套新做法與價值觀融入福特文化，扭轉福特之「熵」。在個人關係上，這些新的活力與智慧可能來自一名治療師、一名聰明的友人、一名教練、一名牧師或一個支援團體。

**你仍然得敞開自己**，敞開你的團隊、你的生意、你的家庭，才能接受這些新的活力與智慧。就像在大多數其他情勢一樣，你必須選擇。

## 考慮來源

假設你接受我說的前提，認定若要抵達想要前往的目標，需要有一些來自你本身以外的東西。你已經擊敗失敗毒牙的攻擊，但你發現不再難過並不等同完成你的目標。四號角落關係具有可以幫人攻頂的特定要素，所以你得讓自己融入四號角落的人群中。但來到四號角落後，你要找什麼關係幫你超越目前已知的極限？

我得非常明確地指出，我並不是建議你，將所有你那些有問題或不能幫你成長的朋友、家人或同事全數拋棄。說真的，正因為這世上擠滿千奇百怪、各式人等，我們人生才更有趣、好玩、有時還略帶幾分古怪。正因為有這許多各式各樣的人，我們人生才不寂寞。不過你確實得知道一件事：**你身旁這些人，不見得每個人都能為你帶來新的活力與新的智慧**。頭痛、捧腹大笑、難忘的經驗，這些你都會碰上，沒錯；但它們能不能對你有用就未必了。所以你得想辦法透過各種管道汲取活力，而且特別要找那種能為系統帶來新活力的關係。這樣的關係長得像什麼樣？

## 伸展

海軍中校羅克・丹佛（Rorke Denver）是前海軍海豹特戰隊員，在海豹服役十三年間經歷過許多戰鬥。他經常在領導講習活動上發言，鼓勵與會人士，與他們共享他身為海豹特戰隊員的原則與經驗。在我們去年一起參加的一次、有六千人出席的活動中，丹佛中校要所有與會人士都站起來，盡可能將兩手高舉向天。在整個會場一片高舉臂海之後，他沉思片刻，然後說，「好吧，再舉高兩英寸！」整個會場的人於是使勁伸展兩臂，硬是又舉高了兩英寸。六千人認為他們已經竭盡所能高舉手臂，但當他向他們提出挑戰時，他們立即發現其實他們還可以舉得更高。一萬兩千條手臂就這樣舉得更高了！那場面真的非常壯觀。只因為有人向他們提醒，他們超越了他們原先自以為的極限。

這場簡單的示範說明一件事：我們的潛能比我們以為的更多，你唯有嘗試才能得知自己究竟能走多遠，不過這得依靠四號角落關係幫忙。推你一把，幫你伸展。

我們往往不知道自己究竟有多少能力與資質，這些東西從來不會在我們面前明白現身。正確的四號角落關係做的就是這種事：它能發現你擁有的、看不見的資質，並告訴你怎麼加以取用。最好的四號角落關係在訂定伸展目標時會融入二項因子：

一、它們會督促你，讓你走得比過去更遠，會鼓勵你學習新技巧以謀達成目標。

二、但它們不會迫使你、讓你因為無法承受而退卻。

最好的領導者、教練、與友人會做到這兩件事。他們督促你讓你超越現有境界，但不會過度逼你，讓你無法恢復元氣。**他們會幫你伸展，但不會要你因伸展過度而受傷。**

誠如《心流》一書作者契克森米哈伊（Mihaly Csikszentmihalyi）所說，當我們不斷面對挑戰，但挑戰難度對我們剛學得的技巧並不過分時，我們會有最好的表現。在處於一種我們的新技巧不足以應付的挑戰情勢時，我們也無從學習與實踐。我們必須取得新技巧（與信心），才能因應更大挑戰，關鍵是必須在伸展度與達標所需的技巧之間謀得平衡。

適度伸展能提升我們的技巧與信心；伸展度不當能讓我們再遭失敗毒牙的攻擊。

（不妨這麼想。如果你決定跑生平第一次馬拉松，你先得花幾個月時間逐步增加你的里數，為參加馬拉松做準備。如果你原本只能跑二英里，你不能做個宣布就立即參賽並且跑二十六點二英里）反之，如果挑戰過於輕鬆，你可能落入契克森米哈伊所謂「乏味象限」（boredom quadrant）的陷阱。我稱它為「撤離」（disengagement）。要一個經常跑二英里的人跑二英里，或甚至跑二點二英里，就可能讓這個人落入這種陷阱。

最好的四號角落關係能隨時督促我們力爭上游。它們不會讓我們留在原地，以免我們停滯、厭倦、撤離，或尋找另一個讓我們產生激情的關係（例如去三號角落找樂子）。如前文所述，凡人都會追求聯繫，但也會追求激情。一旦感到厭倦、撤離，我們會不由自主追求讓我們振奮的刺激，就算這刺激是一種不法情事或是鋌而走險的行為也在所不惜。許多關係就因為缺乏投入而失敗；如果一造不能為關係帶來新活力與智慧，另一造也會逐漸離心離德，無意投入這個關係。各式各樣毀滅性行為可能因此出現。

對商業而言，情況也是如此。對工作是否滿意不完全取決於薪酬多寡。財務需求一旦滿足，為了想練出新技能，為了伸展自己、面對更大挑戰與成長，我們會爭取其他事物。我們需要成長。

聰明優秀、才華洋溢的人當然希望有機會考驗他們的潛能，但你如果讓他們不斷處於高壓狀態，讓他們過度伸展，他們很可能因壓力過於沉重而信心盡失，變得焦慮不安。最後（或很快）他們會放棄。領導者必須在系統注入適當壓力以鼓勵員工、部屬，但不能過度以免造成員工與部屬退縮放棄。要伸展他們，讓他們邁向目標。但伸展過度，就像拉橡皮筋一樣，他們會斷裂。

我們從神經學與教育研究發現，較高度的激情能助長學習、改善表現，但不能超過一個限度，一旦超過這限度，表現不升反降。這種關係稱為耶基斯—杜森定律（Yerkes-Dodson law）。上台演過講或主持過說明會的人都知道，上台以前那種心跳加速的緊張情緒能讓你表現得更好，不過如果過於緊張，造成慌亂，結局就不忍卒睹了。

一般而言，技巧需要的認知強度愈高，可以容忍的激情也愈低。如果當你在學微積分時，有人對你尖聲嘶喊，你大概很難學到什麼東西。不過無論面對什麼工作，事實是，我們需要外來刺激讓我們的系統保持健康與活力。事實上有關研究顯示，我們在面對訂得很高、難以達成但特定的目標時，往往能奮勇而前，締造佳績。我們天生需要面對挑戰才能成長。能給孩子熱情鼓勵，能給孩子高度期許的環境，能造就最健康的孩子，原因就在這裏。

我鼓勵你問自己幾個問題，以了解你是否已經有了可以幫你更上一層樓的聯繫：

- 是否有人給我適度督促，讓我做更好、做更多？
- 我正在面對什麼讓我做得更好的特定挑戰？
- 我正在面對什麼讓我做比現在做的更多的特定挑戰？
- 我是不是遭人逼得過火，讓我感到不適？
- 當我抗拒或掙扎時，如何處理這些感覺？其他人是不是仍然守在我身邊，幫我成長？

## 十倍挑戰

有時，我們需要達到吉姆·柯林斯（Jim Collins）所謂「膽大包天、毛茸茸的目標」（big hairy audacious goals，BHAGs）。要達到這些目標，我們就得超越我們從未超越的事物。所謂「BHAG」不是那種漸進式目標，它們會改變一切，讓我們登上比我們想像的高上十倍的高峰。

偉大遠見之士懂得如何督促部屬邁向這些匪夷所思的成就。當美國總統甘迺迪（John F. Kennedy）一九六一年在國會特別聯席會中說，他要美國在六十年代結束前把美國人安全送上月球時，那個目標是一個「BHAG」。早在自駕車科技問世之前很久，谷歌共同創辦人賴利．佩吉（Larry Page）在還是碩士班學生時已經想到自駕車的點子，當時他正是置身於BHAG之士。他追求的不僅是造一輛**較好**的車子而已，他要找出一條**全然不同**的達標途徑。佩吉從哪裏得到自駕車的靈感？他怎麼想到創辦谷歌？難道他是坐在森林裏一個枯樹樁上，得蒙繆斯之神降臨相助？

不是的。他從**他人**那裏得到這些靈感。

那年夏天，佩吉參加了一個叫做「領導者塑造」（LeaderShape）的暑訓課程。這門課程教他用新的方式思考：套用他的話說，就是「以健康的心態拋棄不可能」。他在那門課程中遇到的老師與教練鼓勵他逐夢，而且夢愈大愈好，佩吉毫無疑問照做了。二〇〇九年，在密西根大學（University of Michigan）畢業典禮演說中，佩吉談到當年他那些不可能做到的狂想，其中一個是「**下載整個網路，僅保持鏈結就好**」。

天啦！就是從那個夢裏誕生了谷歌。但如果他在領導者塑造課程中沒有遇到那些鼓勵他作夢、為他注入新活力與智慧的「他人」，會怎麼樣？如果他遇到的「他人」只是鼓勵他遵照傳統做法、努力做得好一點，結果又將如何？

在同樣那次演說中，佩吉回憶創辦谷歌之初、用信用卡東拼西湊購買硬體時誠惶誠恐的感覺，就像「暴風雨中一隻爬在路邊的蚯蚓」一樣。他說，他學到一個願與與會人士共享的教訓：「如果只用一句話來總結你如何改變世界，這句話是什麼？那就是：**永遠要努力投入讓你興奮到不舒服的事。**」（Larry Page, University of Michigan Commencement Address, May 2009）。

「興奮到不舒服」，這不正是其他許多研究人員所說的巔峰成就「有效打點」嗎？不正是在測試新技巧時加強你的挑戰難度嗎？當我們真正加足馬力、不斷成長、不斷學習、全心全意運用一切認知資源投入實際行動時，這種「高峰心流經驗」（peak flow experiences）出現了。它讓我們的腦動用一切最佳資源、歷歷如繪地運作。

我的一位地產大亨友人，對這種經驗有以下一段描述：「無論哪一天，如果我坐下來思考今天達成的交易，如果沒有那種恐慌至極、心跳加速的感覺，我就知道自己今天沒有竭盡全力、達成的交易還不夠好。」他說的也是這種「興奮到不舒服」的感覺。他靠著這種感覺發跡，賺得億萬身價。

但這種伸展不是房地產大亨或谷歌創辦人的專利。我們每個人身邊都有許多人藉助他人之力，化不可能的美夢為真實。你是不是認識一個女孩，老師說她可以進大學、以後當個醫生？是不是認識一個家庭主婦，在鄰居鼓勵下創辦了自己的生意？或是一個年輕的同事，在創辦人支持下推出新產品？提一個**特定但很大的問題**，讓你的腦來解決，它會讓你稱奇。給人成長的機會與工具，他們會發光發亮。不過，**提出的問題必須夠大**，而且必須獲得他人的補給、督促與支持。

## 一步一步來：樓梯計畫

在協助我們達標的過程中，他人扮演的一個絕對關鍵的角色，就是幫我們擬出一個實際可行的達標計畫。當你思考你這一生遇到的「貴人」時，不妨自問以下幾個問題：

- 他們是不是幫我訂了許多可以做到的、與我夢想中大目標相互呼應的小目標？
- 他們是不是幫我以有用而特定的方式監控進度？
- 他們是不是重視我採取的那些微小步驟，還是說他們只看重「全壘打」？
- 他們會為了小小勝利而歡呼嗎？
- 他們的做法是不是一步一步、以漸進方式達成大目標？他們是不是了解這種漸進式進程？
- 他們是不是只用理想的例子與我比較？
- 他們會不會幫我找出多種達標途徑選項，還是說我必須聽他們的，否則他們不幫我？

在商界，你很容易碰上一些只重視大勝的主管。也因此，他們的部屬往往覺得自己沒有價值，甚或被迫採取超越自己技巧與經驗範圍的冒險。好的領導者與創造佳績的人士會不斷小停片刻，為小小的勝利慶功。他們重視小勝，因為他們將小勝視為一種長期進程的一部分。

許多年來，好的教練一直就是這麼做的。現在我們從腦科學的研究中得知原因何在。**我們的神經迴路，構築在鼓勵與正面情緒的氛圍中**。有關目標訂定的研究，為如何營造四號角落挑戰的問題提供了一些重要教訓。舉例來說，我們知道，我們為自己、為他人訂定的目標必須具有相當**挑戰性**，才能啟動我們的活力與腦力，但這些目標必須**實際**且必須**做得到**。

另有一個要點是，完成這些目標的難度必須說清楚，然後加以處理。研究成果也告訴我們，盲目的正面思考同樣不管用，因為一味只知正面思考的人一旦碰上難題就會心灰意冷，認敗服輸。四號角落的人不僅能幫我們建立信心，讓我們相信我們可以達標，還能幫我們認清我們必須下**很多功夫**、必須克服很多障礙的事實。他們把困難「正常化」。他們會站在那裏為我們吶喊加油，也會在那裏指點迷津，幫我們脫困。

我們也從研究，特別是從心理學家卡洛・德維克（Carol Dweck）的研究成果中得知，擁有「成長心態」而不是「固定心態」的人，更可能精益求精，達成目標。抱持「成長心態」的人認為才能天賦可以開發與改善，不是一種靜止、固定、不會因時間而改變的資產。我喜歡用研究人員所謂「掌握目標」（mastery goal）的觀點看待這個問題：你應該專心讓自己做得更好，以掌握一些東西，而不是一味想著你究竟能不能辦得到。事實上，學者海蒂・葛蘭・哈佛森（Heidi Grant Halvorson）就稱它們為「做得更好」的目標，用這種觀點看待這個問題非常好。

抱持「做得更好」的心態，能讓我們不斷設法改善，不斷自問「**該怎麼做才能做得更好？下一次我能學到什麼？**」此外，不僅在遭逢失敗之後，在面對艱難困苦時，我們也應該保持這種心態。

投入「掌握目標」的人，一旦碰上障礙不會驚惶失措（至少比較不容易驚惶失措）。他們會在重新評估之後再度嘗試，而且認為他們會做得更好。你需要抱持同樣心態的人守在你的四號角落，原因就在這裏。我們都經歷過太多的反面經驗：父母、朋友、兄弟或老闆一旦對你有了某種觀點，就一直保有對你的這個刻板印象；無論這個印象多麼老舊過時，他們會根據它評估你之後的一切行動。無論你做什麼，無論你有多少進步，他們對你的觀點始終一成不變。如果他們對你抱持這種心態，他們對你不會有多少幫助，不會督促你、幫你進步。他們認定你就是那個樣子，沒什麼好說的。

但這世上還有另一類人，他們透過成長的心態觀察這個世界。**他們相信人會成長**、

**會改變**。他們以一種「發展偏誤」（developmental bias）的方式觀察他人，他們看的不是對方現在的樣貌，而是對方未來有一天會像什麼樣。「唉，人是不會真正改變的」，我不知聽過多少次這樣的話。除非他們聘我改變他們的心態，事情幾乎已經到了無可理喻的地步，他們就是認定了這樣。

但事實絕非如此，科學研究成果已經告訴我們，人是可以改變的。我們確實會改變。我們會做得更好，但**我們往往得與相信我們會做得更好的人在一起、在他們的全力協助下，我們才能做得更好**。

我在本書前文談到家父，談到我對他的崇拜，以及他在我人生方方面面有多麼重要。他幫我學會許多技巧。他教我怎麼打高爾夫、打獵、釣魚，怎麼思考事業與其他許多有關人生的問題。每與他同在一起投入活動，總能令我受到鼓舞。

我所以說這些，是為了拿它們與一句他的口頭禪做對比。年輕時代的我也不知為什麼，一直對他這句口頭禪**恨之入骨**，直到後來我成為心理學者才終於了解其中道理。每當我心灰意冷，認為我想完成的目標太大、不可能做到時，他就會冒出這句話。如果我談到事情有多難，他就會說，「是爬山的人，就沒有爬不了的山」（That's no hill for a climber.)。

每聽到這句話，我的心就一沉。它讓我意氣消沉、活力盡失。而且讓我感到孤立無援。我了解父親說這句話意在鼓勵我，但它帶來的正好是反效果。直到我開始研究目標與他人的力量、鼓勵的角色，以及我們如何克服障礙時，我才真正了解這究竟是怎麼回事。原來，父親在說這句話時，他說的不是「你會變得更好，總有一天可以爬上去」，他說的是「爬山本來就應該難不倒你，你是個爬山的人」。

此外，通常只有在當我面對他不會直接插手幫我克服的挑戰時，他才會用上這句話。我向他表示擔心，他就會答道，「不會有問題啦。是爬山的人，就沒有爬不了的山。」他的這句答覆讓我感到孤立無助。在他的想法中，我已經登頂了；問題只在於做得對不對。在我的想法中，我知道自己還差得很遠。就算面對的是課業這類他不能直接介入的問題，我希望他也能說一些「你會做得更好」之類的鼓勵之詞。那會對我很有幫助。我希望他能說，「那真是很辛苦。你得費一番功夫才行。我能幫得上忙嗎？」或是他說「你能從哪裏找些援手嗎？」

不要擔心，我不是在埋怨父母。我非常感激我的父母，他們為我做了太多，我但願我對我自己的孩子也能像他們一樣，做得那麼好。但這方面的研究成果真的讓我了解自己當年的那種感覺。當我們踏出舒適圈、面對挑戰時，我們需要有人在四號角落支持我們、鼓勵我們進步。

目標研究學者學者海蒂・葛蘭・哈佛森，用一種「掌握」式做法，與她所謂「夠格目標導向」（be-good goal orientation）的做法做比較（詳見哈佛森著作《成功：我們如何達標》〔暫譯・*Succeed: How We Can Reach Our Goals*, Hudson Street Press/Penguin, 2011〕）。用「夠格」這種比較沒有助益的方式看待目標的人，用的是一種表現導向的心態，基本上就是在證明他們「夠不夠好」。根據這種心態，達到目標的人可以證明自己確實有能耐，達不到目標的人就「不是這塊料」。這麼做的結果是，每在追求一個目標時，他們總是設法證明自己有才華、有能力、很聰明等等。可以說，這種做法是一種對自我價值的測試（有時我在達到一個目標時感到鬆一口氣，而沒有成就感，原因就在這裏）。

採用「夠格目標導向」以後，如果做得不是非常好，災情會比「掌握」導向慘重得多。「夠格」這類人一旦犯錯或碰上失敗，往往會將它視為自己不夠格的象徵；「做得更好」這類人會將失敗視為學習、再嘗試的機會。

家父告訴我「是爬山的人，就沒有爬不了的山」的當下，他已經把我歸類為優秀登山人，接下來的表現只是證明這項評估正確與否而已，對我的學習或進步並無任何助益（只是想到這一點，就會讓我焦慮）。相形之下，根據哈佛森的理論，「做得更好」導向還有一個層面：它讓你向外求助，從而帶來進步，幫你超越現有境界。抱持這種導向的人比「夠格」類型的人更可能向外求助，因為對「夠格」類型的人而言，向外求助證明自己不夠好或不夠聰明，而且其他人也會這麼想。我還記得，家父這麼對我說時，我幾乎想大聲告訴他他錯了，我不是爬山的料，這事太難，我需要幫助。

另一方面，在最好的四號角落人士心目中，你的人生旅程的每一幕都很重要，他們還會要你也有同樣看法。每一幕都是一個步驟，他們不指望你能預知許多步驟以後的做法。他們不指望十全十美，但他們會為你的小小勝利而慶賀。這種態度造成一種有助於成長的氛圍，再加上燃料、自主、責任、回饋等其他因子，你真的會成長。

這種做法確實有效，「慧儷輕體」是一個例子。「慧儷輕體」以「一群卡著的人」（體重過重，想減重卻做不到的人）為主要會員招收對象。它協助會員將目標打散，分成許多較小步驟，然後對達標過程進行組建、監控，以求成功。會員每一天都會受到自我控制選項的鼓勵。會員每天可以得到用來點餐的一定點數。只要不超過每天的上限就算成功。就算有一天破了上限也沒什麼，因為這只是減重過程的一個步驟而已。在整個減重過程中，需要幫助的會員隨時可以求助。此外，會員還要集會，參加集體秤重，共享減重策略，相互鼓勵。他們有施有受，不斷前進、向上……或者以他們的情況來說，應該說「向下」（請注意，這些因素都是我們前文所述、研究成果證實的那些因子）。

要記住：對你最有幫助的四號角落關係，能督促你、讓你配合你的見解採取小步驟、一步步邁向你的伸展目標。身為作者的我，對這種關係有第一手的認知。事實上，若不是靠了這種關係，我寫不出我的第一本書，寫不出這本書，也寫不出這先後兩本書之間的三十幾本書。我的書能夠賣出好幾百萬本，功勞其實不在我。這些書的暢銷，百分之九十九得歸功於我的四號角落關係（我不過是遵命行事罷了）。早從一開始，這種關係就幫我超越我的極限。以下是一個例子。

我的第一個工作是在加州新港灘（Newport Beach）一家領導顧問公司擔任諮詢師，也就是因為這份工作，我愛上領導研究。在與執行長、績優人士與他們的組織共事幾年之後，我建了幾個我使用的個人與領導成長模式。我的想法就是這樣運作的：每在發現領導者為了他們本身、為了他們的組織成長而需要處理的議題時，我就喜歡建立模式，以掌握概念力，以及經證明最有效的實踐方法。這一切似乎都來得很自然。但那段歲月的我過於散亂無章，**不可能**寫一本書，**絕不可能**。

當時，一個在全球各地擁有約五萬員工的組織為了教育它的員工，找我辦了一場領導講習會。那組織客戶的領導者問我，「這些東西有書面的嗎？」

「什麼東西？」我問。

「就是你寫在黑板上的那個模式。我們可以把它規模化，透過可以轉換的概念運用到世界各地，」她說。

「哦，就在這裏……就寫在那塊黑板上，」我有些不好意思地說。她答道，「嗯，最好能把它好好寫下來。我們需要一本書。」

事情就這樣開始了，但若不是之後我又得到許多幫助，也寫不成書。你知道，當年的我，壓根就沒動過寫書的念頭。我的寫作能力頂多就是在醫院病歷上註明病患有關事項，或給友人寫一張生日快樂卡，如此而已。這樣的目標也未免太超過。要我寫書，還不如乾脆要我為湖人隊（Lakers；按：美國NBA職籃勁旅）打球算了。不僅如此，那時的我做事完全沒有章法，而且根本不知紀律為何物。那時的我確實也做很多事，工作也很賣力，但除了例行工作以外還得日復一日、不斷寫、寫、寫——這似乎有些近乎狂想。不過出於對這些模式與概念的熱愛，我答應下來。我願意寫書。至於怎麼寫，以及有沒有能力寫，我全無絲毫線索。

我於是開始思考寫書的問題。我蒐集筆記、整理思緒忙了一陣，但事情仍然沒有頭緒。我不知該怎麼做才好，而那個組織客戶不斷催著我要書。我知道我要在書中說些什麼；這部分很清楚。難就難在要把所有這些東西組織、整理成一本書，這可是我從沒做過的難事。我就是寫不出來。說得客氣一點，就是我卡住了。所幸我那位四號角落客戶干預，因為她的組織需要一本說明這個模式的書。

就這樣，我以顧問身分服務的那位客戶聘了另一位顧問，協助我寫書。這讓人有一種尾巴搖狗的感覺！但對我來說，這一招合情合理，因為我對寫書根本一竅不通。我有的只是內容，於是他們打開系統，引進新智慧與活力，我們就此展開工作。

我的寫作顧問與我訂了一個例行會面規則。每在會面後，我得完成他交下的家庭作業，然後我們在下次會面時採取下一步行動，把相關資料整理在一起。就這樣經過幾個月，我擬出一分相當完整的大綱，還把我的一切構思、理念、與說明組織妥當，做為行文用字的基礎。

當時我做的是全職工作，周一至五抽不出閒暇時間寫作（直到今天，情況仍然如此！），所以我自我承諾了一項計畫。每逢周五從我下午五點三十分下班回家以後，直到周一上午上班為止，我要用所有醒來的時間寫作。唯有周六晚間我可以與友人外出用餐，稍事休息，這就是我的生活紀律。

我嚴格遵守這項紀律行事，六個月以後，**我的書寫成了**。透過他人的力量，原本達不到的目標達成了。這本書所以能寫成，不僅因為我那位客戶最先督促我、要我寫這本書，而且更重要的是，那位顧問不斷鼓勵我，帶著我**一步步往前，讓我一篇接一篇寫成**。就是憑藉這種大目標與小步驟的結合，在關係與責任的鼓舞下，我寫成這本書。我本來不知道如何將自己的構想轉換成規模化形式，以便協助他人。四號角落關係為我提供了這種技巧與結構，但這是發揮群智共同努力的成果。

這裏要提一個有趣的故事：我在一家有許多智慧財產的公司擔任董事。這家公司的領導者希望公司的創辦總裁能把這些智慧財產寫成一本書。他們幾年來一直催著他寫，但他就是寫不出來。事情卡住了。他擁有一切內容，但對寫書的結構程序完全外行。他是那種有遠見、重視人際互動的領導者，但要他寫書可辦不到。最後，董事會終於決定不能再拖延下去。他們認為這本書對公司非常重要，非寫出來不可，沒有商量餘地。幾年來的遲遲沒有進展，已經讓他們難以忍受。

有一天，我們開董事會，他們說，「我們怎麼做才能讓他寫這本書？要一個從沒寫過書的人寫一本書，究竟該怎麼做才好？我們需要這本書。這個問題一定得解決。」

我笑說，「我想我有辦法。」我自告奮勇幫他寫書。現在，他已經即將完成這個卡在那裏多年沒有進展的案子。這就是四號角落關係的特別之處。這種關係有一種衣缽相傳的特性。有一天，這位總裁也會幫忙其他人寫書。

## 總而言之

我喜歡將四號角落關係的進程與動能視為一種非常健康、均衡的飲食，它含有我們前文討論的一切基本要素：

- 能提供燃料的聯繫
- 能營造自我控制的聯繫
- 能建立自主與責任感的聯繫
- 能讓學習與失敗變得安全的聯繫
- 能加以伸展、成為重大遠見與目標的聯繫
- 能發掘、運用小步驟，以便做得更好的聯繫

寫到這裏，要問你另一個問題：你該怎麼做，才能這輩子都守著這種健康、均衡的飲食？你應該多久進一次餐？每天一餐？兩餐？三餐？每年只吃一次？我們來討論四號角落關係的又一項原則吧。

【金句】

◎我們的潛能比我們以為的更多，你唯有嘗試才能得知自己究竟能走多遠，不過這得依靠四號角落關係幫忙。推你一把，幫你伸展，督促你讓你走得比過去更遠，會鼓勵你學習新技巧以謀達成目標；但它們不會迫使你、讓你因為無法承受而退卻。

◎最好的領導者、教練與友人會做到這兩件事。他們督促你讓你超越現有境界，但不會過度逼你，讓你無法恢復元氣。他們會幫你伸展，但不會要你因伸展過度而受傷。

◎最好的四號角落關係能隨時督促我們力爭上游，它們不會讓我們留在原地，以免我們停滯、厭倦、撤離，或尋找另一個讓我們產生激情的關係（例如在三號角落找樂子）。

# · 10 ·

# 找外人參與

現在你知道當我二十幾歲、開始寫我的第一本書時，我是真的一點頭緒都沒有。我能夠不斷成長終於達到目標，只因為有了他人的力量。四號角落關係所有的因子一應俱全：我承認我需要幫助（這部分很簡單，因為我對寫書一竅不通，而且已經不知所措）；他人透過提供靈感、鼓勵、結構與程序的形式為我提供燃料；我有了自主與自由發揮的意識，但也面對截稿期限以及必須向客戶交差的責任與後果，在他人督促下，我透過「做得更好」的步驟一步步達到遠大的目標。我可以向你保證，當年要不是有了這些他人的力量，我一輩子也不可能寫成一本書；永遠別想。

直到二十五年後的今天，我**仍然**請那位顧問幫我寫書。嗯，這話也不完全正確。我的意思是，這話也對**也**不對。事實上，從那次以後，我沒有再與那位顧問合作。但每當我寫書時我就想到那位顧問，想到他教我的一切。

我不厭其煩地強調這件事，是想說明四號角落關係的一個神奇特性，稱為**內化**（internalization）。它像一種超級食物，能讓你在咬了它一口之後很久很久，還能保持健康、充滿幹勁。

## 內化

四號角落關係所以能如此有力，是因為它們甚至在已經結束之後還繼續有效。我們學得的教訓，讓我們鼓舞的成語，都是我們終身的財富。心理學者稱這種過程為**內化**。它將原本在外面的東西帶進我們內心。這聽起來很神奇，而且沒錯，它確實很神奇。它是一種逐步漸進的過程，能將模式、語調、燃料、以及我們的關係變化植入我們心靈的內在結構。

從我們出生那天、開始採納一種自我安撫的系統起，內化已經展開。當母親安撫啼哭的嬰兒時，嬰兒很快就從不安與沮喪進入滿足與安全的狀態。安撫是「他人」的一種力量。但幾個小時以後，舒適感消逝，嬰兒又需要安撫；因為它還沒有內化。

在一開始，我們需要有人照顧，為我們提供那種舒適感，但經過一段時間，在正確的關係滋潤下，我們自身體內也有了提供那種舒適與安全感的能力。這就是我所謂的自我安撫。一度來自外界的東西進入體內，成為我們自我的一部分，這就是內化。

這種過程在人生每一階段不斷進行：我們不斷汲取與他人的經驗，編碼注入我們的作業系統。這些關係的力量經由這種方式倍增，為我們提供與外界互動的有力基礎。在一開始，父母會告誡孩子，「不要碰那爐灶！不要拉扯貓尾巴！」逐漸，那「不要」的聲音開始植入孩子腦中，直到有一天，孩子走到路邊時會感到遲疑，會慢慢停下腳步，回頭看著父母，等候繼續走入街心的指示。就像自我安撫一樣，那「不要」的聲音也需要時間與練習才能內化。外在的父母以一種正面語氣不斷重覆「不要」，不斷強調不聽話可能遭致的後果，孩子內心於是出現一種新的心理結構，一種發自體內的「不要」反應，一種甚至不假思索、就能從內心說「不要」的能力。

出現在我身上的情況正是這樣。一度屬於外界的寫書技巧以經植入我內心，也因此，儘管我與那位顧問之後沒有再此共事，由於他的結構知識已經內化在我腦中，我寫的每一本書都得到他的幫助。每一次當我走近人行道邊，很想走進「拖延街」（Procrastination Street）時，他的聲音就在我內心響起，為我帶來怎麼走才正確的結構。從那第一本書以後，我寫的每一本書都用上他為我帶來的基本技巧。

推動、限制、更正、鼓勵孩子自我控制每一步進程的那些外在聲音，那些與他人的關係與互動，現在已經內化，讓孩子終其一生都能自行運用以應付外在世界。孩子現在可以真正聽到腦海中響起那些聲音。你如果曾經看過心理醫生，聽那醫生說「你的腦中有一些你需要處理的老帶子或聲音」，或許你就了解這一切的意思了。他們不是鬧著玩的，那些聲音也不是心理囈語，那是科學。過去的關係與經驗確實生活在我們心中，確實繼續影響著我們。哈佛森的《成功》（*Succeed*），就引用一項研究證明他人的力量。在這個案例中，他人指的是父親。當學生在進行高難度數學測驗時，他們父親的名字突然閃現在一個螢幕上。這些內化父親能在學生甚至不自知的情況下，影響他們的成績：

> 心理學者詹姆斯．夏（James Shah）與一群大學生訪談，以判定每個學生的父親對成績表現有多重視。他發現，這些學生在進行一場高難度測驗之前，若他們父親的名字突然閃現在螢幕上，父親比較重視成績表現的學生會更加努力，表現得也較好。此外，與父親關係愈親密的學生，這種鼓勵效應也愈強。
>
> 但事情過後，這些學生根本不知道他們在測驗時特別認真。下意識地想到父親引發他們的達標意志，讓他們完全不自覺地賣力達標。有趣的是，下意識想到心愛的人對一件事的不贊成，也能對人產生約束效應。你如果下意識想到母親對你皺

眉、搖頭，你比較不會外出買醉，或把一堆髒碗擺在水槽裏不加理會。

哈佛森還在書中談到一項有趣的研究，說明對「叛逆」的人而言，下意識想到重視成績表現的父親，反而會造成怠惰與較差的表現（當然，你若當過教師或老闆，而且曾經設法讓一名桀驁不馴的學生或部屬完成什麼工作，一定已經知道這是怎麼回事了）。

我們暫停一分鐘，想一想這些發現。這就是他人對我們表現的影響力。就算他們不在我們身邊，照樣能影響我們。但他們在我們身邊：他們活在我們腦海裏。父親仍在那裏（在思考這個問題時，有些讀者會感恩，有些比較不會）。

不過，別擔心，好消息是，這個過程終我們一生不斷持續。新的關係帶來新的聲音與教訓，它們會內化，有時會更新、甚至取代原先的聲音與教訓。確實沒錯，四號角落聯繫帶來的新的、正面的聲音，往往能幫我們了解何以我們應該拋開過去那些負面的內化之聲。這是我們應該在四號角落多花一些時間的另一個原因。你的新四號角落聲音可以內化，取代舊聲音。無論經由什麼方式，正面也好，負面也罷，來自過去與現在的所有這些聲音，都對我們的表現造成影響。你如果真想超越現有極限，最重要的當務之急就是跑進四號角落，讓正確的聲音進入你的腦裏。

## 那不是你的問題

一家營業額數以十億美元計的上市公司的執行長即將年滿六十，準備安排接班計畫。他擔心的是，在他邁向人生新階段後，如何讓公司在沒有他掌舵的情況下繼續茁壯成長。他對我說出他的憂慮，「我該怎麼做，才能在我離開以後，讓這家公司還像我在的時候一樣運作？我覺得公司會隨我的來去而興衰，我的團隊也讓我有這種感覺。我想全面退休，離開這個團隊，我要他們繼續表現，不要因為沒有我而受影響。」

**對極了！**我心想。這正是領導者、父母和其他扮演輔助角色的人的當務之急。我們該怎麼做，才能讓我們畢生的所學、經驗與價值觀，在不必我們每天耳提面命的情況下也能傳承下去？內化所以神奇，就神奇在這裏。

這讓我想起來一次談話。在那次談話中，對方想知道我發現女兒很快就要約會時的感覺。他問到，「你會不會在每次她出門約會以前，先與那約她的男的談一談，看他是不是有問題？」我不由自主地覺得，問我這話的人真正想問的其實是：我是不是像他一樣，也是個「很有價值」的父親。

我沒有上鈎，還反問了一句，「照你這麼說，如果那天晚上我正好有事出城，該怎麼辦？」

「問得好。如果你不在城裏，不能事先檢驗，你會讓女兒赴約嗎？」他問。

我停了一秒鐘，然後對他挑明了說。「讓我問你一個問題吧。你關心的是不是我會讓我的女兒跟我不贊成的人出去約會？你是不是想知道，我會不會禁止她跟一個對她不好的壞人出去約會？」

「完全正確，」他說，「我想知道你會不會保護她。」

「如果這樣，我的答案是：**當然囉**！我就算不在城裏，也會對上門的每一名年輕人先行問話，確定他們可以跟她一起出去玩。」

「什麼？等等。你不在城裏怎麼問話啊？」

我那位友人似乎有些困惑，所以我解釋：「我透過與女兒的父女關係，早已將我的價值觀深深植入她的腦海。每個來約她的人都得先通過她**自己的思考**這一關，我希望她能在思考中納入我的思考。我希望她能在腦海中聽到我的聲音問到，『這人行不行啊？是不是個不負責任、自私的傢伙？會不會對妳不好？』」

我繼續解釋為什麼我不必親自事先檢驗每個來找女兒約會的人。我告訴那友人，我愛女兒，希望女兒好，這是我身為父親的價值，我的女兒應該內化這種價值，這很重要。我說，女兒需要將這種價值化為她自己的價值，因為如過這種保護她的價值能活在她的腦海中，即使很久以後，她離開這個家，它們還是能繼續保護她。

「在你的系統，」我說，「我對女兒的保護因女兒走出家門而結束。在我的系統，我的保護直到女兒參加畢業舞會、以及之後很久一直不斷。我要**信任**她，不要**控制**她。如果約會當天我在家，沒錯，我會坐在前廊的搖椅上，穿著工作裝，手持獵槍，要那個上門的年輕人自我介紹。」這也是內化的一部分……穿上迷彩裝與華夫餅屋（Waffle House；按：美國一家連鎖餐廳）T恤，見那個年輕人！

**一度屬於外在的東西內在化了**。如果女兒在約會時或在舞會上，碰到有人要她吸毒或玩性遊戲，**就算我不在現場**，女兒也會當著那小子的面斥喝「滾開」。

再回到我與那位即將退休執行長的談話。我至少部分同意他的看法，也認為公司應該本著同樣價值理念繼續營運，而且我提出的解決辦法也讓他不再牽腸掛肚，可以安心退休。我提醒他，在這家公司草創之初的幾十年間，他的員工日復一日和他一起工作。他們有機會觀察他怎麼思考，有機會了解他的價值觀，能夠每天不斷地向他學習、改進。他的價值觀與遠見已經內化，融入企業文化，即使有一天他離開公司，這文化還留著。我告訴他，我們的工作就是主動造就這家公司輝煌的「DNA」（他的聲音與價值觀）能傳給**每個**階層的新員工。

我們要一起全力推動那種內化。他需要把它列為策略要務。我們得訂定一項有結構的計畫，讓公司的文化DNA能傳到組織每一角落，即使有一天他離開公司，這些DNA仍在那裏。此外，我們透過他的團隊推動這項計畫，還能因此在過程中讓他的團隊更加精進。

我們的工作就是找出公司裏哪些部分（特別在不同的組織層面），仍然依賴他的親力親為，以便加速內化進程，除去這種依賴。這家公司有幾名高級主管，就是對某些工作不肯放手，我的一項最重要的工作，就是把他們知道的東西轉換成一種程序，一種可以重覆的公式或系統，讓他們可以用來教導其他員工運用。只要知道如何將藏在自己腦中的東西拿出來、傳入他人腦中，就能讓人大放寬心，而且收效之奇令人吃驚。他們會發現自己其實沒有自己想像那樣、非守著現有位置不可，他們也因此可以讓自己騰出手腳，因應更大挑戰，讓公司進一步成長茁壯。

## 改變頻道

我們小時候不能選擇自己置身於什麼樣的關係，也不能選擇讓誰的聲音在我們腦海中反覆播放。但隨著我們逐漸成熟、發現自己可能走到極限時，我們有機會選擇自己想要的關係、想內化的聲音，讓我們走得更遠、爬得更高。所幸，神經學研究證明我們可以真真正正地**重焊**我們的腦。只因為腦裏有聲音讓你意氣消沉，不表示你不能將它打掉、灌進新的聲音。腦的軟體可以下載、更新，不過就像你的手機一樣，**它需要與一個好的網路連線，這個網路要有無盡的數據，而且沒有病毒**。

最讓我難以忍受的是，儘管內化是一切成長的根本，幾十年來，許多（並非全部）很熱門、甚至專業化了的心理學科研方法與技術，竟對內化隻字不提。試想一想以下這些膾炙人口的名言：

- 改變你的思考，就能改變你的人生！
- 你若不能先愛你自己，又怎能愛其他人！
- 找出「內在力」
- 用正面的「自言自語」克服恐懼
- 正面思考是成功之鑰
- 你有力量！

問題是，所有這些標語口號都忘了「R」（關係〔relationship〕）的力量。但所有的研究都認定「R」是「G」（成長〔growth〕）的關鍵。不要誤會我的意思。這些心理學方法確實各有真理。舉例來說，我們知道內心的毀滅性「自言自語」能讓我們痛苦，能在人生每一領域侷限我們的表現，必須用正面自言自語加以取代才行。我們確實也有屬於我們個人的力量，本書前文討論的「主宰」或「自我效能」就是例證。但這些說法的問題在於，它們假定我們可以憑藉一己之力完成這一切。就像我們可以像一種封閉式系統一樣自我改進，就像一切全靠我們自己的思考與選擇，就像儘管我們從未做過，只要我們做就能做到一樣。但這一切都是「就像」！最讓我冒火的口號是「你若不能先愛你自己，又怎能愛其他人」。當你的車子油料將盡時，你得開進加油站加油，不能憑自己空想變出汽油。

歸根結柢，這又得談到我在本書第一章討論過的從失敗中求成長。除非我們獲得其他人照顧與關愛，就算我們的生理需求得到滿足，我們發展不出關愛他人、與他人結合的能力。這是「他人」的力量。若是少了那種讓關愛內化的關係，你不可能關愛他人。心中無愛的人不可能無私地愛人。這樣的人處於一種沒有安全感的真空狀態。婚姻的美滿需要溫情與關愛滋潤，一個從未享有溫暖、關愛關係的人一旦結了婚，結果不言可喻。那行不通。只是要他們「先愛你自己」也行不通。

從未內化關愛的人，往往以不成熟、自我安撫的方式尋求關係。一旦關係生變，他們不具備解決問題的內在關係裝備或能力，關係於是破裂。在那一刻，當他們掙扎著想讓關係運作時，要他們「先愛自己再說」不僅幫不上忙，而且錯得離譜。一旦關係失敗，他們必須向他人求助，由他人支持、關愛他們，教他們**如何**愛人，像父母對子女一樣監護他們。他人得施予他們一些東西，讓他們可以有所施予。**愛的開端不是自我**。愛的開端是接受愛、得到愛、內化愛，然後才能將愛轉給他人。

且聽我說，我的論點是這樣的。一開始，建立深度聯繫的能力來自我們**身外**；之後我們透過好的聯繫、模式，運用神經、生理、心理等系統加以內化。一旦一種外來安撫系統內化，我們也學會如何安撫、規範我們的情緒。當他人督促我們、讓我們超越我們自以為的極限時，我們學會如何挑戰自己，學會如何自我超越。有了他人對我們的監督，我們才會自我監督，才懂得如何以不同方式思考，才懂得思考我們的思考方式。想做到以上這一切，我們需要裝備，而這些裝備的電路、模式以及其他零組件，在**一開始**的內化主要來自外界。

這是最好的訓練與績效提升課程的基本因子。所謂自我改善（讓人做得更好的程序），實際上是一種「關係」課題，不是一種「自我」課題。談到競爭在績效提升過程中扮演的角色，《心流》一書作者契克森米哈伊（Mihaly Csikszentmihalyi）注意到英文裏有一個字很令人玩味。當個人在**競技**場上尋求成長與自我改善時，真正鼓舞他們的不是取勝本身，而是其他選手同場競技。「compete」（競賽）這個英文字源出於拉丁文動詞「competere」，意思是「尋求同在」。督促我們向前的其實是「同在」。我非常贊同這個觀點。他在《心流》中指出：

> 每個人都想發揮自己的潛能，當他人迫使我們做得最好時，我們也發揮得最好。當然，只有當全神貫注於活動本身時，競賽才能改善經驗。如果參賽人關心的是外在目標，例如打敗對手、讓觀眾留下深刻印象、或爭取巨額職業合約；競賽不但不能讓人全力發揮潛能，反而令人分神。

**競賽**，尋求與他人同在以達到目標，這段文字真是將他人的力量闡述得淋漓盡致。我們需要與他人一起競技，為的不是要擊敗他人，也不是要向我們自己或他人證明我們很行，而是讓我們加足馬力、實現競賽為我們帶來的內在價值，**讓我們與他人一起**追求我們真正、真實、內在的最佳表現。麥可・菲爾普斯（Michael Phelps）所以能再創高峰，靠的是教練，或游在身邊水道的另一選手為他帶來的督促。想做得更好，他人是重要關鍵。

我們談到哪裏了？我們在第十章談到，在任何掌握或學習過程中，我們都需要他人幫我們伸展，幫我們一小步、一小步循序漸進邁向目標。我們也已見到這些步驟必須內化，成為我們的一部分。但我們在第十章結尾提出一個問題：「你該怎麼做，才能這輩子都守著這種健康、均衡的（四號角落）飲食？」既如此，現在我們就來做答吧。

## 結構

如果你進了大學或研究所，第一次見到獨立研究的課程選項時，你或許會感到不知所措。你找上學校顧問，想知道那些課是怎麼回事。顧問告訴你，這些課程讓你在一位教授督導下自行研究一些東西，然後給你學分。你得與這位教授一起工作，了解相關主題、方向、目標、里程碑與規定，然後自行完成。

「真的嗎？」你問，「不必上課？沒有課程大綱？也不考試嗎？」

「沒錯。你完全可以自主了。現在你可以自己安排作息，把事情做好。你可以自由選擇學習你要學習的東西，可以用自己的方式學習。」

這簡直太棒了，你心想。這正是我要的！想睡覺就睡覺，而且還能拿到學分。為什麼所有的學校不能都像這樣啊？

這個問題有一個很好的答案。如果你過去念的學校都像這樣，你沒辦法讀書識字，其他許多事也都做不成。你得不到小學與中學求學期間學得的結構優勢，你進不了大學，也因此沒有機會建立自行研究的能力。換句話說，你得先擁有自行研究的能力才能獨立研究，而你必須先在小學與中學的課程中學得結構，將結構內化，具備自我學習能力，之後才能進行獨立研究。我們首先學得外在結構，將它們內化，結合關係與內化經驗成為內在結構。如果關係與內化經驗結合，這種內在結構就和簡單的監禁不同。牢房也是結構，但若是不能結合我們在這本書談到的種種程序，不能為我們帶來學習能力。它不過是外在限制罷了。

「structure」（結構）這個字有時給人一種不好的感覺，但這個字源出拉丁文「struere」，意思是「構築」。根據《韋氏辭典》（*Merriam-Webster*）的解釋，它是「建造的行動」或是「以一種明確的組織模式安排的東西」。當動詞用的時候，這個字代表

「根據一項計畫進行構築或安排，為……賦予一種模式或組織」。

真夠絕。這不正是我們現在討論的、「做什麼」與「怎麼做」這些東西？想改善成績就必須這樣做。無論你想游泳游得更快，或想做一個更好的領導者，你必須以一種明確的組織模式安排各種能力，加以營造。還有別忘了希格的研究成果：透過關係形成的心智，是一種組建、節制裝備；是一種由關係而來的外在結構產生的內在結構。

而想建構一種心智或其他表現能力，你得有計畫。學習不會在誤打誤撞中出現；你得先建立擁有堅實基礎的結構才成。在重建一棟建築時，你得先建鷹架，直到新結構與牆壁強固、足以支撐屋頂時為止。在烘製蛋糕時，你得先將麵糊倒進蛋糕盤，讓它定形。無論建造什麼，你必須用一些外在支援幫著建立內在結構。就像嬰兒逐漸形成自我安撫的內在結構一樣，蛋糕也必須透過一連串內在化學反應，依據烤模的形狀在烤箱中逐漸定型。做得更好的能力，也得經過一番來自外界的塑造與形成過程，直到它獨立存在於結構來源之外為止。直到那一刻，你才能拆除鷹架，才能從蛋糕盤中取出蛋糕，才能離開課堂與家庭作業、獨立研究。

所以說，在準備超越極限時，你需要考慮幾個要素：

一、我們想建立的能力是什麼？

二、我們需要什麼材料？

三、我們應該用什麼程序形成這個新結構？

如果想改善一名執行長的關係技巧，例如傾聽、明確溝通、或指示他人的能力，我會與客戶一起工作，了解需要溝通的是什麼樣的資訊、在什麼樣的關係中進行溝通、以及什麼樣的經驗才能帶來寄望達成的品質等等。這些都是我們需要構築的程序的因子。接下來我們得有一項完成目標的計畫。我們必須考慮需要花多少時間才能完成目標，怎麼評估進度，以及在整個過程中應該聚集多少次。

我們根據研究與經驗得知，想鞏固內化程序需要許多聚會，以便進行精心安排的互動，在適當時機投入適當分量。麥可．菲爾普斯若只是每年與教練一起練幾次游泳，不會成為奧運金牌選手；你若不能將時間與資源投入你的四號角落關係，也無法超越你的極限。而且投入分量的適當也很重要，也就是說，不能一次投入太多或太少。菲爾普不會每天只游一個來回就作罷，但也不會每天游五千公尺。想提升技巧得有適當進度。

我在與客戶工作時，喜歡使用一個我所謂「成長結構商數」（growth structure quotient）的名詞。所謂成長結構商數指的就是適當劑量，等於不管用的數字加一。舉例來說，如果我決定每兩周與我的寫作顧問見一次面，但之後發現我的家庭作業做不好，於是再加一次會面或互動。過去每兩周會一次面的安排現在改為每周會一次面。如果這樣做還是不管用，我們還得將次數繼續調增。成長結構商數需要頻繁得足以建立正面模式，但不能過於頻繁，以免新的內在結構沒有足夠時間凝固。我得在兩次會面之間有足夠時間做好我的工作才成。

我有個曾經嗜酒如命的友人，曾因為酗酒丟過三家公司，還離了幾次婚。當我遇見他時，他已經戒酒戒了二十年。他在許多社區的戒酒運動中扮演重要角色。在聽過他那些沉迷酒鄉期間的荒唐史之後，有一天我問他，「你怎麼戒的啊？」

「哦，那很難，」他說。「我每天參加三次戒酒匿名會（Alcoholics Anonymous，AA）會議。」

「一天？」我問。

「沒錯。我的目標是，從早上的會議結束後直到中午開會期間不上酒鋪買酒。然後從中午直到晚上開會也不碰酒。我就這樣每天參加三次會，弄了一陣子。之後我比較強了，於是每天只參加一次會議。現在事隔二十年後，我每周去兩次。」

這與我們現在談的不謀而合。他用他需要的劑量補強外在結構，並隨著時間不斷逝去將結構內化。如果他發現自己撐不到中午就酒癮發作，他就再加一次十點鐘的ＡＡ會。這就是成長結構商數，它等於「不管用的數字加一」。

一般需要多少成長結構商數？在與執行長與主管們共事時，我發現它變化不定，但有一項我從未違反過的規則：一定得建立某種結構。那不表示一旦結構確立就不能改，不能變，但如果我們不能安排例行會議，一般都會碰上問題。一旦沒有例會，進程很容易遭到所謂「緊急事故」打斷。如果與會人士下意識地對進程、或對進程帶來的挑戰抗拒，要將會議延後太容易了。我們必須利用這段聚在一起的時間進行高質量的工作，不能只是應付例行公事、開完會了事。時間質量也很重要，不能只是保留幾個小時開個會、交完差就沒事。

我親身體驗過這種嚴守計畫的重要性。我曾出席兩個女兒學前班幼兒的家長會。會議訂在每周三上午九點到十一點。我很興奮。每周固定有兩個小時與女兒一起，只有我的女兒與我、還有大多是媽媽的其他家長與孩子，還有什麼比這更有趣的事？我稱它是我的「媽咪小組會」。

第一個星期太酷了：半個小時的自由活動，接著半個小時上遊樂場，再來半個小時大家圍成圈，一起唱兒歌，最後半個小時是娃娃吃點心的時間，媽媽們與我一旁討論帶孩子的議題。怎麼讓孩子一個晚上都躺在床上？怎麼教孩子如廁。紀律。怎麼管理孩子看的電視節目。怎麼請走不盡責的褓母等等（這不是一件好玩的事。那個母親決定由她的先生出面，但她先生事到臨頭怯了場，竟然花錢找人來開除那褓母；真讓人嘆為觀止）。無論怎麼說，那次聚會讓我非常投入。我對今後一年充滿期待。

到了下星期，我正在辦公室收拾、準備下班去接奧莉薇時電話鈴聲響起。那是我正在著手的一件案子，情況頗有些緊急。我看了一下時鐘，然後對自己說，這件事太重要了，**奧莉薇不會知道的，一次不參加那個聚會不會怎麼樣。我先把這件事處理好再說，下星期再參加那個聚會也不要緊**。於是我留在辦公室處理，把學前班幼兒—家長會的事拋到一邊。

又到了下星期，約八點三十分時狀況又出現了。我拿起電話，而且立即知道事關緊要，需要花很多時間處理。我又想到一星期以前那套理由，下星期再聚會也不要緊。但我突然警醒，這樣不行。因為每到最後一分鐘，總有要事發生。為建立與女兒的關係，我必須保護與女兒相聚的這段時間。

我不得不對電話那一頭說，我現在無法接電話，容後再談。說老實話，事隔十三年後的今天，我早已不記得那件事後來結果如何（好像沒有大礙），但我忘不了與奧莉薇（以及一年半以後，與她妹妹露西）的學前班幼兒家長會美好記憶。那種共享經驗為我們父女打造了一個讓我永遠珍惜的互動基礎。

我了解到：結構能讓我們投入對我們很重要、但還沒有存在我們系統內部的事。世上有太多可能讓我們走上岔路的既有工作、挑戰與危機，但為了做得更好，我們必須建立一種空間與慣例以便達成這些目標。這也就是說，我們得用新模式、新習慣取代舊的模式與習慣。結構能幫我們做到這些事。我已經將我的工作模式，包括進行項目、開會、做必須做的事等等內化。在許多年前那段初為人父的日子，我並沒有一種花時間陪女兒的內在模式。我得先從外在進行構築，之後將它內化。每周一次的聚會能幫我建立這樣的結構，每周三上午九點到十一點，不得有任何例外。

如果你想在腦海中、在業務裏或在一段關係中建立新的東西，就必須了解一件事：除非引進新的，既有的內在電路模式會繼續支配你的做為。想建立新模式唯一的途徑，就是建立時間、空間、與確定活動的外在結構。

以這個學前班幼兒的家長會例子來說，過程的發展對我們父女都很合適。在兩周聚會中間那段期間，我們彼此間還有足夠的其他互動。在這種頻繁互動下，經驗逐漸成長，期望開始確立。我們都知道該怎麼做，父女之情也一周深似一周。持續不斷是重要關鍵。

如果你的四號角落經驗與活動建構得很好，它們會在你的腦海裏，建立你憑一己之力永遠無法建立的新電路模式與能量。我們且來看看，現在的你，想與你的周遭相關人等建的東西，包括你自己在內。正確的劑量是多少？要用多少時間才洽當？應該多頻繁？每一劑裏應有那些東西？在運用結構商數時，你若發現不能收效，或效益不能持久，你知道應該「加一」直到收效為止。你就這樣找到適當「劑量」。如果一直找不到，你會立即知道自己用錯了藥（活動）。除非經過這樣的嘗試，你不可能知道是不是行得通。不過要記住，我們這裏談的雖是時間的量，但不只是時間多少而已。這裏談的是「在可以取用的時間裏做正確的活動」。這是所謂高品質時間的真正來源。以一種結構化模式將正確的資訊、正確的關係與正確的經驗投入每一劑，劑量要夠。能做到這些事，成果能讓你驚豔。

【金句】

◎世上有太多可能讓我們走上岔路的既有工作、挑戰與危機，但為了做得更好，我們必須建立一種空間與慣例，以便達成這些目標。

◎在準備超越極限時，你需要考慮幾個因子：一、我們想建立的能力是什麼？二、我們需要什麼材料？三、我們應該用什麼程序形成這個新結構？

◎我們小時候不能選擇自己置身於什麼樣的關係，也不能選擇讓誰的聲音在我們腦海中反覆播放。但隨著我們逐漸成熟、發現自己可能走到極限時，我們有機會選擇自己想要的關係、想內化的聲音，讓我們走得更遠、爬得更高。

# ・11・

# 百慕達三角的關係

像所有其他不斷變化的系統一樣，四號角落關係也需要滋潤與保護。就像你的身體有兩個保持健康的系統，一個專門汲取、處理養分，另一個保護你不受病毒感染一樣，強壯而有韌性的四號角落關係也一樣。我在前文已經討論了均衡的四號角落「減重飲食」。在這一章，我們要討論的，是那些可能危及你的關係健康的細菌、病毒、抗原。要驅逐這些有害的東西，你與你的四號角落夥伴必須發展出一種對它們免疫的能力，但首先你得叫得出它們的名字，將它們團團包圍才成。我們先來看看這些「疾病」中對四號角落關係威脅最大的一種東西：三角關係。

## 致人於死的三角關係

我在幼年時代就對百慕達三角（Bermuda Triangle）充滿幻想。根據傳說，飛機與船隻一旦闖進這個地區很容易就會不見蹤影。一旦溝通闖進自己的黑色三角地帶，四號角落關係也有可能遭致類似後果。我說的是，當A應該直接與B談的時候，A的做法是與C談論B。很顯然，如果A就連談都不肯與B談，想解決他與B的議題當然不可能。

不過，這種間接（被動—侵略）的方式稱不上溝通，這只是問題開端而已。我稱這是「三角做法」（triangulation）。這種不找當事人直接溝通所帶來的毀滅式後果，比無法溝通嚴重得多，原因如下。

三角做法會造成一個叫做「受害者—迫害者—拯救者」（victim-persecutor-rescuer，ＶＰＲ）的三角，我稱它為「百慕達關係三角」。百慕達關係三角的運作如下。比方我是Ａ，你是Ｂ，還有一個人是Ｃ。比方你近來時時跟我頂撞，讓我心生不滿。我覺得你做了傷害我的事，讓我成為受害者，你是迫害者。但我沒有直接找你討論我的感受，而找上一個同情我的第三人，這第三人於是成為拯救者。我在這第三人面前抱怨你，說你怎麼兇、怎麼狠、怎麼壞、怎麼欺負我等等。我沒有要求拯救者就我與你之間的衝突提出回饋，也沒有要求拯救者幫忙解決這場衝突。如果能這樣做就好了，但我沒有這樣做，我只是向拯救者大吐苦水，證明我是對的，你是錯的。我要Ｃ在這場爭議中站在我這一邊。這讓我覺得比較好過，幫我紓解痛苦，而且還可以讓我不必直接與你談。

與一個值得信任的第三人談心往往有幫助。但在ＶＰＲ三角關係中，我所以找第三造的Ｃ交談，為的不是追求真相或成長，而是讓Ｃ拯救我，讓我離開兇狠的你，讓我掙脫你那些惡毒的言語，至少可以讓C證明我對你錯。我要的是讓我好過，我要第三方同意我的看法，要第三方數落你的不是，並且確定我的感覺是正確的。我要C聽我訴苦，「他居然這樣對待我，你相信嗎？他有什麼權利這樣對我說話？這樣評斷我？」我要C也認為我受到傷害，要C與我一起怒罵B（你）。我要C站在我這一邊，一起對付你。我要的是驗證，不是解決辦法或成長。我要我的「拯救者」說，「沒錯！你是對的！他（你）根本是個神經病！」

你是否曾在領導團隊中見過這類鬧劇？比如說公司開會，討論了主題，陳述了各種觀點，也有了回饋。看起來應該大家可以同心協力了，對嗎？之後會議結束，猜猜接下來會發生什麼事？三五人聚在門廊邊，開始一般所謂「會後會」。在「會後會」中，他們會說出在之前會議中不願對人當面說出的話。在只有他們幾個人聽得到的情況下，他們會毫不猶豫地說其他人壞話，要對方站在他們這一邊。他們可以聚在門廊邊暢所欲言，但絕不在會議室當著其他每一個人的面討論這些議題，自然更不會直接與那個他們認為造成問題的人當面討論了。他們會在那人背後說，「你相信他真的那樣認定嗎？」

用這樣的精神或方法，是培養不出四號角落關係的。任何想超越現有極限的人，也不能運用這類型溝通策略。

如果我生你的氣，或被你傷害或不同意你的看法，我得直接與你談（你也需要我與你談），以找出解決問題的辦法才是。想解決我們的問題，這是唯一途徑。若是沒有這種施與受，嫌隙迅速滋生，感染開始擴散：受害的不僅是這個關係，所有相關人等的情緒與正面交往關係都蒙其害。

原因是，「三角做法」現在也造成原本並沒有衝突的B與C之間的分裂。C現在對事件有了一面倒的看法。沒有人知道B究竟做了什麼！C聽到的只是一面之詞，根據這一面之詞，一切都是B的錯。A的抱怨或許真的有憑有據，但C如果聽不到另一造說法，不可能了解事情真相。

或許B真的錯了，真的傷害到A，但由於A沒有把話對他說清楚，講明白，B可能根本不知道自己哪裏、為什麼得罪了A，要B解決問題或改變行為自然也不可能。不僅如此，A由於略過直接溝通程序，現在更不可能觀察自己在這場衝突中做了些什麼，更不可能反省自己是否有錯，是否可能做得更加好些。因為C已經附和A的說法，讓A覺得好過許多，已經「拯救」了A，讓A不必反省自己是否有錯、是否能做得更好。根據拯救者的了解，A既是完完全全的受害人，自然不必自我反省。A與C的相互往還，還能使C覺得自己在道德上勝B一籌。

了解我的意思了吧？這種做法的毀滅力道如此強大。無論對團隊、公司、家庭、婚姻、友誼，以及其他一切關係而言，分裂都是最具毀滅的力量。它不僅能讓問題無法解決，讓我們無法成長、上進，還能挑起彼此相爭，使問題更加惡化，在團隊、家庭，或組織間造成進一步分裂。

許多董事會、團隊、公司、夫婦、朋友圈、家族等等關係系統就因此出現嫌隙，往往還就此永遠分裂。受害者與拯救者覺得自己在道德上高人一等，於是決定出走，另組公司、教會或組織。自認為是婚姻受害者的伴侶，在辦公室、健身房或酒吧找到拯救者，突然間他或她發現有人願意聽自己傾訴，有人能夠了解自己，他或她就這樣找到新的支持、肯定，與另一半的衝突與分裂於是加劇。這樣的鬧劇時時刻刻都在上演。

這種三角關係還會造成一種扭曲：一旦受害者與拯救者中的一造認為自己淪為另一造的受害者，而且找到另一位拯救者時，兩造間的關係往往也開始惡化。他們形成一種模式。由於兩造都無法學得任何解決衝突的技巧，他們開始從關係跳到另一種關係，從工作跳到另一份工作，從業務夥伴跳到另一位業務夥伴，從教會跳到另一個教會，從社區跳到另一個社區等等。由於他們一味堅持這種「三角做法」，問題無法解決，人事相互傾軋，個人不能成長改變，組織出現分裂，同樣模式還會感染到其他情勢。像癌症一樣，若不設法抑制，它會擴散，毀掉更多、更多細胞。會找拯救者為自己出脫的人，通常不會自我反省與改變。就這樣，他們會一再重覆同一模式，毀掉關係、團隊與組織。

身為基督徒的我，常為《新約聖經》中一段嚴厲的經文（提多書三章，第十到十一節）而煩惱。有很長一段時間，我無法了解它究竟是什麼意思。從字面看來，它實在有夠苛刻。這段經文是這樣寫的：

分門結黨的人，警戒過一兩次，就要棄絕他。因為知道這等人已經背道，犯了罪，自己明知不是，還是去做。

這段經文似乎太極端了，對嗎？我原本也一直認為這樣，直到做了領導顧問，有了幾十年與團隊與組織的共事經驗以後，我才改變了想法。因為我學到一些東西：**喜歡組**

**成小圈圈的人，即使能帶來一些價值，造成的危害也比這些價值大得多。**如果真的有這種人，**必須請他們離開才行。**倒不是說問題解決不了，因為只要肯下工夫，願意深刻自我反省，世上幾乎沒有不能解決的問題。真正的議題是，成群結黨的人不會願意自我反省，不會努力解決問題。他們要的是拉攏其他人與他們站在一起，同意他們的看法，而不謀求一致與解決。我經歷過無數這類醜陋的鬧劇，最後都在老闆請製造問題、製造分裂的人離開才落幕。在這些製造麻煩的人走了以後，公司裏過去相互敵視的員工才發現他們彼此間其實很投緣。我見過一個人對另一人說：「真是奇怪，我過去為什麼那麼恨你？你很好啊！」我可以告訴他們為什麼：**那都是分門結黨的人在他們之間製造矛盾、煽風點火所造成的。**

我有幸與大衛．蘭吉（Dave Ramsey）創辦的蘭吉解決辦法（Ramsey Solutions）一起辦過許多活動。蘭吉解決辦法是就我所知、組織文化最好的公司之一。你或許因為聽過北美第三大電台秀場〈大衛．蘭吉秀〉（*The Dave Ramsey Show*）而知道這家公司。大衛與他的團隊能夠建立這麼成功、興旺的企業文化有許多原因，其中一個原因是毫不迴避、直接解決「三角做法」議題。蘭吉有一條「不得講閒話的規定」。如果有個員工在某人背後講某人的閒話，而沒有直接找某人當面把問題講清楚，這名員工會遭到警告，如果警告過後再犯，這名員工會遭到開除。這是一條非常直截了當、明確有效的原則。而且最酷的是，它造就一種健康辯論、高度回饋與高品質關係的文化。有了這條規定，員工自然樂得說出他們的意見；想保住工作，他們就必須這麼做。又有誰不願意成為那種四號角落文化的一部分？

## 解決辦法

解決「三角做法」之道，就是不讓這種情況再次發生，不過想做到這一點，只是告誡還不夠。空氣中永遠有感染我們的病菌；就算沒有惡意，我們有時難免會與C討論B。我們難免在某人不在場的情況下討論某人。往往我們還不得不這麼做，但有時事情會因此變質，在這種情況下，我們就需要免疫系統發功了。為避免感染，我們得採取幾個重要步驟。

**第一步要找出問題**。首先要與可能遭到感染的人討論這種「三角做法」疾病。有時人們並無惡意，但他們從過去的來往經驗中發現，直接與某人有話直說根本行不通。他們現在不敢貿然嘗試。有時A與C一起討論B，因為他們從過去經驗中得知，與B直接溝通很危險。

所以，你應該告訴他們，你注意到公司近來有時出現「會後會」的狀況。如果有意義，這類聚會沒有問題。如果動機良善，例如想澄清你的想法，或想徵詢如何接近B的建議，而與C討論B，事實上還有建設性。有時C可以為你帶來新的見解或安撫你，讓你能將事情處理得更好。**如果基於療傷或尋找解決辦法的精神而與C討論B**，這不是閒話，也不是在搞分裂。一切端在動機與效應。如果對話為的是謀求改善，這樣的聚會一般是好事。

問題就在於，這類「會後會」往往為的不是解決問題，而是為了可以避免與當事人直接對談。儘管你得面對問題，但你站在邊邊上，覺得舒服許多，沒有必要再與當事人討論那惱人的問題。就這樣，與你衝突的當事人聽不到他們應該聽到的事；就這樣，團隊或家庭解決不了問題；就這樣，C起而與B對抗，成長茁壯的機會也泡湯了。所以說，一定要讓每個相關人等都了解這種「三角做法」是必欲除之而後快的病毒。

其次，**建立一條規定或守則，從彼此交往關係中去除「三角做法」**。你自己不要嘗試，當有人要你扮演「拯救者」時也不要參與。設法讓每個人都同意一件事：如果你不會或不曾直接對一個人說些什麼，你也不會在他人跟前說那個人的閒話；如果你對一個人不滿或有意見，你會直接找那個人說清楚；還有，除非你能幫他們或鼓勵他們直接找那個人溝通，否則你不聽他們講那個人的閒話。

第三，這是實際操作時的注意要點。你與所有其他相關人等都應該有一種共識：**如果A在你面前講B的閒話，你應該表明態度**。你可以問A，「你是否與B討論過這個問題？」如果已經討論過，你可以問討論結果如何。如果繼續聽A訴說經過，你可以幫A釐清問題，訂定一個解決辦法。但不要只是一味聽A訴苦，讓A找你討拍取暖。你可以告訴A：「我不背著人說我在人前不說的話，B不在這裏，我不喜歡在他背後說長道短。」（當然，前提是你安全無虞！）

我有時還會建議：「我們何不一起去找他談談這件事？我可以幫你們兩人出主意，這樣做應該比在他背後議論更能解決問題。」我喜歡要團隊每一名成員都保證絕不排斥任何人。往往這是一句話就能辦到的事：「我們一定要讓整個團隊都了解這一點」或

「一定要讓每個人都參與」。

一旦直接討論有問題，或甚至可能帶來危險或毀滅式後果時，我們應該把應該採取的對策先說清楚，讓相關人等都知道應該怎麼做。應該找人力資源部門？找主任？找執行長？我喜歡吉姆．布蘭查在西諾佛金融公司訂下的那個榜樣：他告訴公司所有的員工，如果與他們的老闆發生問題而且解決不了，就可以找他。

碰到真正一對一的議題時，如果可能，A與B直接溝通永遠是第一步。如果沒有好理由，不要找C。如果這麼做不能解決問題，妳可以找一個信得過的C幫你，但不要找喜歡搞小圈圈的C。有人喜歡引用愛麗絲．羅斯福．隆伍斯（Alice Roosevelt Longworth；按：美國作家，羅斯福總統長女）的話說，「如果你說來說去，說不出一句有關他人的好話，就請坐到我身邊來吧。」她這麼說當然是笑話，但有些人真的就像這樣。他們喜歡當製造分裂的C；他們愛說閒言閒語。

**第四，要樂於接受回饋**。如果你總能以開放的氣度接受回饋，願意傾聽其他人的觀點，你或許能打從根本上杜絕「三角做法」。如果B是願意聽人意見的人，「三角做法」往往根本不會出現。如果B總是樂意接受回饋，總是歡迎不同意見，不會動不動就為自己辯護，動不動就怪罪他人，或不接受他人回饋，則A多半也會對B開誠布公，直接把話說清楚、講明白。我們要勇於給予他人直接回饋與對話，但也要勇於接受他人給我們的直接回饋與對話。我希望團隊成員都能互助合作，讓彼此都能勇於給予回饋、也都學會虛心接受回饋。儘管前文提到管理大師肯・布蘭查那句「回饋是冠軍們的早餐」的名言，但我們仍然得有給予、接受回饋的胃口才成。如果他人知道他們可以直接找我們談，他們自然比較不會與其他人討論我們。

**第五**，為你自己以及你的團隊**構築技巧**。我們常會要求客戶做一些他們從未學過的事。他們可能不具備直接面對當事人所需的傾聽技巧、對抗與衝突技巧、談判技巧、或對話技巧。無論是領導或任何四號角落關係，都得協助他人成長、幫他人抵達他們需要抵達的地點。記得前文所述、要當一個協助彼此伸展的推手嗎？要伸展，要為你自己與他人構築直接面對問題的技巧。去上課學技巧。

如果你發現自己陷入一種三角陷阱中，首先問自己扮演的是什麼角色。如果你認為自己受到傷害，正找一個拯救者訴苦，快快停下來，說，「嗯，其實，感謝你聽我發這些牢騷，但我真的應該直接找B談。」如果你是扮演拯救者角色的C，你該要A直接找迫害者B談，或者你可以與A與B共聚一堂，幫他們解決問題。如果你正好就是A口中的B，你可以找那個背後說你閒話的A，說：「我聽說你對我有所不滿。能說出來聽聽，讓我幫你嗎？」

**最後，要放聰明**。談論他人不是壞事，我們都需要也都喜歡談他人的事。例如我們會說：「你姐姐好嗎？你那一隊人怎麼啦？」等等。他人經常是我們談話的主題。甚至在職場上，我們也必須談到他人，論及與他人做的工作，以及與他人共事時的一些議題。談論他人其實很正常，而且也是好事。一旦討論變質，成了拉幫結黨的閒言閒語，你要有所警覺。

最高法院大法官波特・史都華（Potter Stewart）在解釋所謂「不法春宮」的定義時，曾寫了一句名言：「我看到它，就知道它是否不法。」「三角做法」的情況也一樣。一旦談話造成破壞與分裂效應，你得知道。一旦有人在團體裏面搞小圈圈，讓問題無法解決，你得知道。不要讓這種事發生。身為領導者，你要記住你必須引領你的組織文化。

就讓我們彼此有話直說吧。但要做好這件事，我們還得在四號角落關係加入另一因子：信任。我們且來看看，要成長得具備什麼樣的信任。

**【金句】**

◎分門結黨的人，警戒過一兩次，就要棄絕他。因為知道這等人已經背道，犯了罪，自己明知不是，還是去做。

◎如果我生你的氣，或被你傷害或不同意你的看法，我得直接與你談（你也需要我與你談），以找出解決問題的辦法才是。想解決我們的問題，這是唯一途徑。若是沒有這種施與受，嫌隙迅速滋生，感染開始擴散；受害的不僅是這個關係，所有相關人等的情緒與正面交往關係都蒙受其害。

◎「受害者—迫害者—拯救者」（victim-persecutor-rescuer，VPR）的三角，我稱它為「百慕達關係三角」。用這樣的精神或方法，是培養不出四號角落關係的。任何想超越現有極限的人，也不能運用這類型溝通策略。

# ・12・

## 信任

我們已經檢驗了想有出眾表現必須具備的因子。首先，我們已經確認，無論我們承認與否，他人對我們一生的表現有很大影響力。其次，那個影響力可能是正面，也可能是負面。第三，除非我們能敞開心胸，接受他人的正面影響力，我們無法更上一層樓。我們必須是一種「開放式系統」。第四，為了敞開心胸，接受他人回饋，我們必須撤下防衛，找一個我們需要的地方。第五，四號角落關係可以提供某些因子，包括燃料、自我控制、責任與自主、以實際而正面的態度面對失敗、延伸與督促、步驟、結構與程序。

不過，並非所有表現傑出的人都一樣。我在與他們共事時，會根據需求應用各種不同的工具與方法。有時，領導者需要個別教練，或一個可供測試的群組，幫他思考如何因應挑戰。有時，一個團隊需要全力投入特定成長或發展領域，或者他們需要聚在一起，合力戒除一些造成惡果的模式。儘管我設計過許多方案、模式與樣板，但我從來就不相信這世上有什麼治百病的靈丹妙藥。我寧可先了解狀況，之後再針對客戶特定需求設計計畫。《聖經》箴言第十八章第十三節說得好：「未曾聽完先回答的，便是他的愚昧與羞辱。」這是我採取這種做法的基本理由。

別怪我自相矛盾。我不相信世上有萬全之策，但我相信確實有一些普世概念與原則，可以應用於**每一個個人或團體績效挑戰**。**信任**就是其中一種概念，特別是當你藉助他人的力量時尤其如此。無論把心力投入任何人，信任是最重要的。

沒有人不知道信任的重要性。但怎麼樣才是信任，究竟怎麼做才能建立信任、維護信任，卻並非總那麼一目了然。我發現每個人都重視信任，當信任不存在時，每個人也都可以感覺得出，但我們往往不很清楚信任是怎麼來的。我們不知道怎麼做才能取得信任。想知道怎麼做才能取得信任，我們先得知構成信任的因子；我們現在就來深入**剖析**信任吧。

我們可以將信任視為一種有信心的期待。我們投資股票市場，因為我們對股市賺錢有信心，人際關係的信任也一樣。我們投入我們自己、我們的時間、我們的精神、我們的資源、我們的才智等等，因為我們有信心，認定這樣做會有好成果。信任帶動投資：金錢、時間、精力與自我的投資。

你應該信任誰？根據我的研究與經驗，在準備做這樣的投資時，你要觀察五個關鍵條件：

一、了解
二、意旨或動機
三、能力
四、性格
五、過去的紀錄

## 了解

我們若是知道一個人了解我們，了解我們的背景、我們的情況、我們的需求，了解怎麼讓我們成事，了解怎麼讓我們敗事，我們自然會信任這個人。當這樣的人真正了解、傾聽與關懷我們時，我們自然樂意向他們敞開我們的心胸。表現最好的團隊，每個成員都深刻了解彼此需求，也都了解團隊面對的問題，都了解**每個成員需要怎麼做才能讓團隊成功**。同樣的，業績最好的公司，它的客戶一定認為這家公司真正了解、滿足他們的需求。最好的業務員會傾聽客戶，以真正了解客戶的心聲。客戶一旦覺得「他了解我」時，自會敞開心胸接受你、投資你。

另一方面，如果客戶認為你不了解他們，他們的整個系統會開始關閉，投資也就此打住。我喜歡研究客服人員與顧客在關鍵時刻的互動，例如旅途出問題的旅客與航空公司客服人員的互動，或顧客、病患在商店、旅館或醫院發生惱人狀況時，與工作人員的互動。你只需稍加留意，就能輕易發現關懷與了解能讓結果大不相同。

有一天，我走進機場裏一家餐廳，在櫃台邊坐等了十五分鐘，但一直沒有服務人員過來招呼我。我也曾向其中一人招手示意，但始終未果。最後我看看手表，我要搭的飛機即將起飛，已經來不及用餐了。所以我起身準備離去。這時，在櫃台後工作的那個人問我是否一切都好。我說：「老實說，一切都不好。我在這裏坐等了那麼久，現在我來不及用餐了。」

他立刻說：「你應該站起身來找我們才是。不應只是等在那邊。如果你過來告訴我們，我們一定可以給你弄些吃的。」

「好吧，謝了，」我說，我很想告訴他：「哦……你教訓得是。我寫了一堆有關盡責、主動的書。沒錯。這一切都是我的錯。謝謝你告訴我，我應該站起身來找你們才對。我不應該忙著打電腦，讓時間溜過去。謝謝你給我這寶貴的教訓。我會永誌不忘：我活在這世上就要對我的人生負責。」但我沒有這麼做。

當然，他說得有理。我原本可以、或許也應該起身找一個侍者，但無論基於什麼理由，我沒有這麼做，不管這是誰的錯，我因此沒吃到東西。但就算我多少有一些責任，他的反應讓我對這家餐廳信心盡失，以後再也不敢光顧了。

不幸的是，我們幾乎每天都會碰到這類的事。那個人不但駁斥顧客，還教訓顧客說顧客做錯了，說顧客不懂事。

我本來還想對那人反唇相識，但沒有停下腳步，繼續往外走。就在這時，另一侍者發現我離開，問我用餐是否愉快。我把事情對她說了。她說：「噢，怎麼這樣！真讓人喪氣！發生這樣的事，我很抱歉。我們現在確實忙得不可開交，沒有能為你服務真是對不起。」

突然間，我心平氣和了許多。有人了解我的遭遇。我需要的也不過就是這樣幾句安慰而已。我願意信任這樣的人。就因為這樣的客服經驗，我願意下次再來這家餐廳……只要最先那個教訓我的侍者不在就行。

我知道為什麼我們很難這麼做。我們往往由於過度關注我們自己，而拿不出時間來真正了解其他人，讓其他人知道我們了解他們。我常對領導者說：「當你自以為了解你的員工或你的顧客時，其實你不了解他們。只有當他們認為你了解他們時，你才了解他們。」一直到那一刻，你知道你已經擁有他們的信任。

我在為公司客戶提供服務時，常會推動一項我非常喜歡的專案。這類專案的目的在於協助客戶改善總公司與各地派駐機構間的關係。無論對分公司、零售商場、加盟店、診所、或經銷商而言，如何改善與總公司的關係都是極端重要的大事。

我所以喜歡做這種工作有幾個原因，其中有些純粹是知識與專業理由。這種工作讓我有機會在知識與專業性結構中剖析表現。四號角落聯繫與表現成果如何建立、干擾關係，也是我喜歡研究的重點。就像與個別主管共事一樣，我喜歡見到這些團體同心協力、超越它們的極限。這工作是我的最愛。

大多數關係議題的故事都有兩個面。探討這兩個面是非常有趣的工作，能見到具體成果，像是更多營業額、更豐厚的獲利、更積極的參與、更好的企業文化等等，也讓我感到滿足。但見到人際關係發展與提升更讓我有成就感。誠如我在這本書裏反覆強調的，若不能建立與他人深厚而真誠的關係，你不可能有可以持續的優良表現。

當這類專案一切進展順利時，各地派駐機構的員工由於認為總公司更加了解他們，對總公司的信任因而大幅提升。執行長或其他高級主管若能（例如透過「傾聽之旅」）真正傾聽他們的聲音，就能啟動連鎖反應，讓彼此間更加信任。你會聽到有人對你說，「我信任你，因為你讓我知道你非常關心我，願意傾聽我的聲音，願意仔細看我真正的樣貌。」

所以「要傾聽、要傾聽、要傾聽」。傾聽是很好的第一步。舉例來說：

- 伴侶終於聽了另一半的訴說，發現自己的行為為對方帶來的痛苦，為兩人關係造成的效應。他沒有為自己辯護，沒有駁斥對方，也沒有設法淡化對方的痛苦，他真正了解了對方。
- 父母不會一開口就斥責孩子，他們與孩子一起坐下來，聽孩子解釋他每天的生活究竟像什麼樣，他在學校、在朋友圈面對什麼挑戰，什麼讓他喜悅，什麼讓他沮喪。他們問他問題，聽他解說，不會動不動就對孩子說教，要孩子如何如何。

- 主管團隊逐一聆聽每一名成員，聽他們解說一個部門如何為另一部門帶來問題，一些人的做法如何讓其他人難以做好他們該做的事，終於知道許多他們原本不知道的問題。
- 領導者不能只是下令與指示，她得花時間了解她的團隊需要具備哪些要素才能完成她交辦的工作。當團隊向她說明各種做法的利弊得失，以及達到她的目標可能涉及的風險與需求時，她仔細聆聽。
- 公司業務代表與客戶與其他相關人等共聚一堂，傾聽他們訴說使用公司服務或產品的故事。不僅如此，業務代表還要試著了解他們的生活，例如什麼事對他們很重要，他們在哪些地方面對掙扎，以及他們最重視什麼等等。

信任攸關成敗的例子俯拾皆是。事實上，甚至只需比對手多聽一聽選民的心聲，就能幫你選上美國總統。還記得一九九二年美國大選期間，比爾．柯林頓（Bill Clinton）在全美各地跑透透、傾聽選民訴說嗎？他當時提出一句口號：「我能感覺到你們的苦。」撇開政治不談，柯林頓這一招有效。選民覺得柯林頓了解他們的生活與他們的價值觀。

他與選民搭上了線。反觀當時競選連任的喬治・布希（George H. W. Bush），給人的印象就天差地遠：當時有選民問布希一加侖牛奶多少錢，布希答不出。儘管就關愛與熱情而言，布希很可能不輸柯林頓，但那次事件讓許多選民覺得布希與選民脫節，覺得布希不了解一般百姓的生活。只因為柯林頓願意傾聽，願意表白對平民百姓的同情，選民覺得柯林頓比較了解他們。直到今天，那種印象依然沒有真正消逝。

這種狀況經常出現，**善良、關愛的人往往只因為少了一層聯繫就遭到他人誤解**。身為領導者、伴侶、同事、父母的你，應該撥出一些時間自問：「當我想與他人建立四號角落關係時，我是否讓對方知道我真的在聽，我真的了解他們？」此外，在準備信任一個人時，也應自問：「依自己的感覺，對方是否在聽？對方是否真正了解我從哪裏來？」我不會跟一個不肯聽的人為伍。

## 意旨與動機

每當我們見到一個人，特別是見到陌生人，但見到朋友、我們每天碰面的老闆、或甚至是家人也一樣，我們會下意識地掃瞄臉孔，閱讀肢體語言，評估對方的聲音語氣，以判定對方是贊同、或是反對我們。這是人類本能。記得前文所述的「戰或逃」（fight-or-flight）本能反應嗎？信任是緩解那種本能的藥膏。如果我們認定某人是盟友，我們會假定無論那人說什麼、做什麼都對我們有益。

一旦我們發現某人似乎真正了解我們以後，接下來我們需要知道他們的**動機**。他們為什麼要與我們交往？他們這麼做，為的只是他們自己與他們的利益？還是說，他們也關心我們？當我們知道他們動機良善，知道他們為了讓我們好、甚至不惜付出成本時，我們會信任他們。好的關係就構築在這種信任基礎上：「我知道你都是為我好，所以我信任你」。

每想到他人的動機，我們往往認為這些動機非好即壞：「要不支持我們，要不反對我們」。但許多時間，他人對我們的動機是中性的。基本上，他們只是在無害地為他們自己謀福而已。這種中性動機就本質而言並沒有錯，但當我們準備投入一種關係時，**只是中立並不足夠**；我們不能讓我們信任的人只是保持中立而已，我們需要他們力挺，當我們的戰友、擁護者與幫手！四號角落要求的不只是中立或單純的公平而已：它要我們用比中立更好的態度彼此相待。換句話說，它要我們相互為對方著想，為對方謀福。

根據「黃金準則」，我們希望他人怎麼對待我們，我們也要怎麼對待他人。當他人對我們好或當他人表現良好時，要我們對他人好並不難，不過那只能算得上中立與公平而已。黑手黨黨徒也是如此。我們需要我們信任的人站在我們這一邊力挺我們，就算我們讓他們失望、犯了錯，或搞砸了什麼，他們也不離不棄。講公平的人會說，我們傷了他們，他們也要傷我們，所謂「加倍奉還」（以牙還牙）。但是，身在四號角落的人會說，「怎麼回事？我該怎麼幫你呢？」在四號角落，我們只求施予但不求回報，就算無利可圖，我們也是兩肋插刀、全力以赴、無怨無悔。

當我們覺得某人為我們好時，我們向他們靠攏。我們信任他們。當你發現某個醫生只為你好，而且並不在乎醫藥費時，你會遵照那醫生的指示。不久前我為一家醫療公司提供顧問服務，這家公司有一套慣例，就是打電話給沒有前來做例行檢查的病人，提醒他們來做檢查，因為讓顧客健康是這家公司的使命。但我也曾碰過一些醫療系統，他們提醒病人來看診為的只是衝業績。我可以清清楚楚察覺前後兩者動機上的差異。前者的動機讓我覺得好得多；附帶一提，這家公司的獲利非常高。因為病人都信任它，覺得這家公司關懷他們，所以一直在那裏看診。

不久前，我為一家科技公司的執行團隊辦了一場講習。我要求每個成員針對他們心目中團隊其他成員對團隊、對他們的部門、對他們的利益做了多少貢獻填一張評分表。這個團隊共有七人，每個人對其他人的評分都是四或五分（評分表最高分五分，最低一分），只有一個人例外。他給每個人都只有一分。噢，茲事體大。這個團隊的一個重要台柱失去信心了。他認為其他每個人都完全不在乎他的表現，都無心幫他取勝。如果我們不及早發現，他的不滿會更加惡化。他們必須解決這個問題才能繼續向前邁進。

你的公司為你著想嗎？如果你是領導者，你的員工部屬是否知道你為他們著想？你的孩子呢？伴侶呢？我相信你是的，但要使信任茁壯、永固，你得確定他們都知道才行。

## 能力

我們很容易沉醉在信任帶來的舒適感中，但徒有信任，沒有相稱的能力也不能成事。

或許有人對你滿懷熱情，共感（同理心），動機也很純正，但除非這人有能力做到你需要他幫你的事，你還是不能信任他。當你摔斷了腿時，友人可以安慰你，可以服侍你休息，但你不會要一個沒有受過醫療訓練的友人幫你動手術、接合斷骨。

對另一人的能力提出疑問，不是針對那個人的貶抑，而是對事不對人的質疑。事實上，團隊的每一個成如果都能毫無顧忌地提問，質疑其他成員是否有能力推出一項新產品、或展開一項新策略，這個團隊一定很有實力。每當我與一個團隊、或與一名個別領導者共事，見到這種可以提問、質疑的關係時，我就非常開心。他們為了確保完成任務，可以在行動展開前，毫不掩飾地質疑彼此完成這項任務的能力。或許你可以對行銷部門說，「你們有那麼多其他的工作要做，我有些擔心你們能不能推出這個新案子。說明一下你們的做法，讓我安心吧。」這是真正的四號角落溝通，不是侮辱。

畢竟，無論你談的是生意、是婚姻、或是你身為父母的角色，重點是確實做好你打算為對方做的事，對嗎？既然如此，你當然希望將事情成功的機率盡可能提升。如果你擁抱這種成長心態，在行動展開前，彼此詢問是否具備一切必要能力是很自然的事，同時你也相信你的四號角落關係夥伴對你也有同樣坦誠的期待。

許多人在創辦公司或非營利事業時，喜歡找他們熟識而且喜歡的人當合作夥伴。這樣做並沒有錯，但前提是找來的夥伴必須擁有必要技巧。所以，尋找合作夥伴時，不能只問這個人「好不好」，還要問他們「能不能」做好你需要他們做好的工作。

能力是信任的關鍵。我們要知道我們的機長懂得開飛機。我們要知道我們的外科手術醫生過去動過手術，而且病人術後還醒了過來。我們要知道基金經理能利用資產 取報酬。若非如此，我們完全不能信任；我們只是在賭博。誠如前文所述，信任是一種「有信心的期待」但有了能力才能帶來期待與信心。

## 性格

許多人竟會那麼輕易就忽略性格的重要，而且不能真正掌握性格的意義，很讓我吃驚。在評估性格這方面，字典比我們做得還更徹底。根據Merriam-Webster.com的解釋，所謂「性格」（character）就是「一個人的思考、感覺與行為方式：就是一個人的人格」。

我們每想到性格，往往想的只是道德層面：這個人正直誠實、光明磊落嗎？但性格的內容不只是一個人會不會說謊、欺騙或偷竊而已。「不說謊、不欺騙、不偷竊」，只是「可以考慮」的人格特質而已。面對不誠實或想騙你、偷你東西的人，你根本不必考慮是否寄予信任。碰到這樣的人，趕快走開，兩手握緊你的錢包與你的心。這是基本。

我在這裏討論的，是超越誠實與道德的人格特質：「樂觀或悲觀？主動或被動？一旦發生狀況，她能不能堅持不懈，解決問題？他會不會太軟弱，無法完成你的需求？太固執？太嚴厲？太浮躁？太恐懼失敗而不敢有所作為？熱情嗎？和藹嗎？冷淡嗎？風趣嗎？有沒有韌性？能不能體諒他人？」等等。

但不妨這樣想。一個人或許擁有我們目前為止討論過的一切有關信任的特質善解人意、動機良善、能力也強，但仍然少了一項你可以寄予信任的基本品格。舉例來說，如果一個人需要很多肯定與正面回饋，但你要他接管一家虧損的組織，將它轉虧為盈，情況會怎麼樣？多半有好一陣子不會傳出什麼好消息了。如果一個人只能打順風球，要他扭轉敗局多半凶多吉少。他是好人，但他的性格（不是道德，而是他的人格特性）不適合這項具有特定任務的工作。

你在組織的地位愈高，性格與情緒也愈重要。研究報告與《華爾街日報》（*Wall Street Journal*）頭版每天的大標題就是證明。在領導者來到某一層級時，每個人都很聰明，都經驗老到，而且非常能幹；這類特質已經不再是決勝關鍵，性格才是最大關鍵。它包括領導者的情緒、認知與人際關係技巧，不僅是他們可以做什麼，還有他們怎麼做，性格決定他們能不能鼓舞其他人信任他們。

## 過去的紀錄

我們的腦會繪製地圖以便在世上遊走。你我隨時會在心裏建構基模（schemata）圖解或地圖，讓我們知道下一步該做什麼。就像真正的地圖一樣，這種心靈圖也能幫我們處理人際關係、整理源源而來的資訊、做決定、訂定工作優先順位等等。它們還能讓我們知道可以預期什麼。

心靈圖還能決定我們能不能信任一個人。每個人都有一張「上一次」繪製的心靈圖，說明可以對一個人有什麼預期：「上一次我請你幫忙，把我需要的東西帶給我，而你做到了。所以，我覺得下一次我還可以找你幫忙。」

但如果上一次你找人幫忙，而那人並沒有幫忙，當你來到信任的叉路口時，心靈圖上會出現許多示警的紅旗與「停下來」的標誌。我們常常見到這類標誌，但也常常對這類警告訊號視而不見。常說「在不能證明其有罪以前，應先認定其無罪」，這是一個崇高的意念。但如果我們上次與某人一起開車走過一條路，知道路上處處陷坑、發生過多起死亡車禍，卻仍然決定再次跳上他的車走這條路，出了什麼差錯就只能怪自己了。在決定再次做這件事之前，先問問自己：「這次會有什麼不同？有什麼地方不同而讓我改變主意，信任這個人？」當然，有時也情有可原。每個人都會遇到低潮、表現減分的時候。意外狀況難免發生。在沒有比較通盤考量一個人過去的表現以前，不要驟下結論。不要只看最近這一次，要通盤考量，才能判定這人的紀錄是否良好，上一次的失誤是不是只是一次小意外。所謂「上一次」基模談的主要是全面紀錄，而不是一次意外。

要記住，除非出現一些新的、不一樣的東西，預測未來最好的指標就是過去。如果一個人過去素行不良，而你準備信任這個人，除非有很好的理由，否則不要這麼做。如果你相信現在的他會對你溫和以待，他是不是上了一年的怒氣管理課程？如果你現在打算信任他的領導，但他過去的領導紀錄不佳，他是不是上過什麼領導教練課？如果你相信她是你的心腹，會陪你度過難關，不妨回想一下，過去當你對她交心，祈求她給你鼓勵時，她的反應是什麼？上一次當你向她開誠布公、討論一個問題時，結果如何？她是否傾聽？還是顧左右而言他，讓你無法再談下去？如果上次情況如此，這次是否出現一些新的、不一樣的東西讓你又有了信心？

既然如此，你應該信任什麼人？那得視情況而定！請翻舊帳，下一次當你決定可以信任誰的時候，不要不敢質疑你的第一個念頭。就像華爾街那些人以及所有券商廣告中說的那樣（按：投資一定有風險，基金投資有賺有賠，申購前應詳閱公開說明書），投資人要小心！

## 【金句】

◎好的關係就構築在這種信任基礎上：「我知道你都是為我好，所以我信任你。」

◎身在四號角落的人會說，「怎麼回事？我該怎麼幫你呢？」在四號角落，我們只求施予但不求回報，就算無利可圖，我們也是兩肋插刀、全力以赴、無怨無悔。

◎在決定再次相信一個曾經讓你導致失敗的人之前，先問問自己：「這次會有什麼不同？這一次有什麼地方不同，讓我改變主意，信任這個人？」

◎尋找合作夥伴時，不能只問這個人「好不好」，還要問他們「能不能」做好你需要他們做好的工作。

## ● 結論 ●

# 好人不會落在最後

不久前，我與一名很有成就、非常積極又有效率的領導者，有過一次極其發人深省的交談。我一直很崇拜他的工作。當時我們一起推一個案子，而他談到他的一項特定工作習慣：把幾乎一切有關工作的想法，鉅細靡遺地寫在一個本子上。隨身帶個小本子，有好的想法就信手寫下來，這麼做原本一點錯也沒有。但對他而言，情況不那麼簡單，因為那已經成癮。他說：「我想這可能是我的焦慮症。」

我請他說得更清楚一些，他告訴我，他患嚴重焦慮症已經有好一陣子，一直靠一些方法與習慣壓著。我聽著他的訴說，不禁想到，他為了這個不知受盡多少折磨、付出多少驚人的代價。我也不禁想到，如果不是因為有這許多掙扎，他的人生與工作豈不更美好。我於是動了心中心理學者那根筋，向他提問。

「這樣……只是出於好奇。你知道嗎，這種病是可以治的。治療焦慮症其實不難。你大可不必忍受這麼多痛苦，」我說，「為什麼不看醫生？」

「我也想過，」他說，「但我有些害怕。」

「怕什麼？」我問。

「我怕一旦看了醫生，我會沒有現在這樣有效率，」他說，「我一直認為，我所以能夠做得像現在這麼好，與我一天到晚焦慮、擔心事情出錯、擔心工作做不好有關。凡事我總是一次再次確定，務必做得天衣無縫、滴水不漏才肯罷休。我總認為，自己如果不焦慮會遺漏許多事，績效也會因此大打折扣。」

「哦，原來如此，」我說，「照你這麼說，沒有焦慮症的人都成不了事嗎？」我半開玩笑、半認真地回了他一句。但他不懂我的意思。

「我不知道，」他說，「我只是擔心一旦沒有焦慮症，我的表現會沒有現在這麼好。」

**真是可悲**，我心想。不過，我過去確實也曾在各種情勢中，多次聽過這種說法。舉例來說，每當我談到領導性格、情緒與關係議題如何影響成果時，常碰到這樣的質問：「你說，所有這些關係能力都對領導與成果、成功很重要。但史蒂夫·賈伯斯（Steve Jobs）這樣的人又怎麼說呢？他非常成功，但大家都知道他難以相處。你怎麼解釋呢？看起來，對許多人來說，嚴厲、無情、掌控、支配的行為才是成功之道，最成功的總是那些壞脾氣的怪胎。」

不久前，我還接到一名著名全國新聞評論員的電子郵件。她在郵件中說，她的報導生涯一再碰上有權有勢、非常成功的「壞傢伙」。她還給我一篇報導的連結，這篇報導在結論中說，無論在商界、娛樂圈、與其他一切領域，「惡人」與「怪人」，總是比「好人」更成功。她對這篇報導的評語是：「這真是令人沮喪。你同意這種論點嗎？基於我的經驗，我開始相信了。」

以上這兩個例子都強調同樣一個錯誤的假定：**功能有障礙、出了問題的人，才能成功**。你還會聽到一些類似說法，例如「他根本是個怪人，不過，我想他就因為這麼怪，才有今天這種成就。」或許你甚至聽到有人這麼說：「我如果能在工作中更潑辣、更兇狠，今天當老闆的人可能就是我了。」

相信我。這些說法都錯了。當個怪人、自戀狂，或因為患有焦慮症而凡事一再檢查、確認，都不是成大事的人格特質。要記住，世上有太多不成功的怪胎、自戀狂與焦慮症患者；也有太多沒有這些特徵而非常有效率且成功的人。

事情真相是，賈伯斯之所以成功，靠的是了不起的才華、頭腦、遠見、行銷能力、設計實力、魅力與創意。他極有主見，有似乎取之不盡的精力，而且他毫不猶豫地督促員工發揮潛能、超越極限。而這些都是使他成功的**正面**性格。

除非你認為iPhone所以能成功，靠的是遭人開除、關鍵人物與關係的流失、以及不時製造一些汙染的環境，否則怪人的行為只會礙事。蘋果這家公司所以能成功，靠的不是高壓、支配的行為。賈伯斯的行事風格儘管狂妄，但能憑藉其他優勢勝出；如果當年他能去除這種風格，他或許更成功。如果他當年沒有遭到蘋果革職，情況將如何？如果他沒有那麼難以相處，蘋果會像什麼樣子？

記住這句話，**好人不會落在最後，怪胎不會首先達標。表現好的人，會首先達標，表現好的人，如果恰巧是才華洋溢的好人，他們的成就更加不可限量。**（Nice guys do not finish last, and jerks do not finish first. Great performers finish first, and if they are great and good people, they do even better.）

研究已經證實，只有好的關係才能培養帶來優異表現的品質。相反地，不良關係會侷限並且降低優異表現的品質。在《一起工作：偉大的夥伴關係為什麼成功》（暫譯，*Working Together: Why Great Partnerships Succeed*, HarperCollins, 2010）這本書第五頁，前迪士尼（Disney）執行長麥可・艾斯納（Michael Eisner）憶起他多年的工作夥伴：

我們並肩同行，一起面對我們專業人生中最艱鉅的挑戰。在之後十年，那段旅程之刺激、好玩，戰果、報酬之豐厚，都遠非我們中任何一人所能想像。那年秋天，從我們進駐我們辦公室的第一天起，與法蘭克·威爾斯（Frank Wells）的夥伴關係就讓我如沐春風：他不僅保護我們的組織，還完全無私地保護我、為我提供建議、支持我。我但願我也為公司、為法蘭克盡了同樣的心力。我們一起成長，一起學習，一起想方設法讓一家小公司改頭換面，成為一家非常大的企業。我們發現一加一可以比二大許多，我們發現一起工作真是其樂無窮。

保護、建議、支持、無私、成長、學習、發現、報酬等等，這些都是我喜歡的名詞。你的人生、表現、健康、幸福、以及你珍惜的幾乎一切，都取決於他人為你帶來的力量。這是嚴肅的事，不是怪胎能做到的。

不要害怕四號角落關係。它能支持你，能讓你面對挑戰，讓你盡可能做到最好，它不會損害你的成功，只會助長你的成功。用這種方式對待其他人，促成其他人成長，只會造福他們與你的人生。最後，只有四號角落的人能夠屹立不搖，其他人會倒下，失敗，消逝。

我們每個人都應該努力追求、營造四號角落人士體現的以下聯繫，讓我們自己也成為那種人：

- 提供燃料的聯繫
- 帶來自由的聯繫
- 需要責任的聯繫
- 能拔掉失敗毒牙、鼓勵學習的聯繫
- 能為我們帶來挑戰、督促我們的聯繫
- 能構築結構的聯繫
- 能促成團結、而不是分裂的聯繫
- 值得信任的聯繫

在日常生活過程中，與同事會面、利用假日與家人團聚、與友人共進晚餐，或和伴侶一起散步，不要害怕，檢查一下你內心的GPS，看看你做得怎麼樣。你在哪裏？你孤單一人困在一號角落嗎？你在二號角落覺得自己沒價值嗎？你正在三號角落享受片刻歡愉？還是說你在四號角落覺得有人保護你、給你建議、支持你、獎勵你？你在哪一個角落？誰與你在一起？

你能不能超越現有極限、追逐你的夢想，取決於這些問題的答案。我希望你找到四號角落，盡可能長住在裏面，締造連作夢都想不到的佳績。

【金句】

◎好人不會落在最後，怪胎不會率先達標：表現好的人，會率先達標；表現好的人，如果恰巧是才華洋溢的好人，他們的成就更加不可限量。

◎你的人生、表現、健康、幸福，以及你珍惜的幾乎一切，都取決於他人為你帶來的力量。

◎不要害怕四號角落關係。它能支持你，能讓你面對挑戰，讓你盡可能做到最好，它不會損害你的成功，只會助長你的成功。用這種方式對待其他人，促成其他人成長，只會造福他們與你的人生。

國家圖書館出版品預行編目資料

他人的力量：如何尋求受益一生的人際關係
／亨利・克勞德（Dr. Henry Cloud）著；
譚天譯. -- 初版. -- 臺北市：經濟新潮社
出版：家庭傳媒城邦分公司發行, 2019.10
面；　公分. --（經營管理；157）
譯自：The Power of the Other: The Startling Effect Other People Have on You, from the Boardroom to the Bedroom and Beyond—and What to Do About It
ISBN 978-986-97836-4-4（平裝）

1. 人際衝突　2. 人際關係　3. 組織行為

177.3　　108015645